Martin Sonneborn

»Ich tat es für mein Land«

Martin Sonneborn

»Ich tat es für mein Land«

Wie TITANIC einmal die Fußball-WM 2006 nach Deutschland holte: Protokoll einer erfolgreichen Bestechung

bombus

Martin Sonneborn, geboren am 15.5.1965, wurde 1995 Redakteur beim »endgültigen Satiremagazin« TITANIC. Seit 2000 ist Sonneborn TITANIC-Chefredakteur und seit 2004 Bundesvorsitzender von Die PARTEI. Seine WM-Bestechungsaktion brachte unserem Land »die Fußball-WM« (Tagesthemen), »30.000 neue Arbeitsplätze, 1,5 Milliarden Euro Bruttosozialproduktszuwachs« (*FAZ*) und ein »verstärktes Interesse in britischen Hool-Kreisen« (TITANIC). Keine ganz schlechte Bilanz, was?

Bibliografische Information Der Deutschen Bibliothek

Die Deutsche Bibliothek verzeichnet diese Publikation in der Deutschen Nationalbibliografie; detaillierte bibliografische Daten sind im Internet über http://dnb.ddb.de abrufbar

Lektorat: Sonja Hinte
Coverfoto: IMAGO, Ulmer
Cover, Satz und Layout: Martina Werner, Frankfurt am Main
Druck und Bindung: Ebner & Spiegel, Ulm

www.bombus-verlag.de
Deutsche Erstveröffentlichung

ISBN 3-936261-37-7

Für Claudia, Laetitia und Dings

Inhalt

Vorwort

Liebe Leser,

es ist mir eine Herzensangelegenheit, Ihnen in diesem kleinen Büchlein zu erklären, wie man mit ein paar selbstgebastelten Bestechungsfaxen eine Fußball-Weltmeisterschaft ins Land holt. Ich selbst kann leider nicht mehr mit ein paar selbstgebastelten Bestechungsfaxen eine Fußball-Weltmeisterschaft ins Land holen, weil ich es bereits einmal getan habe; und diese kleine Aktion jetzt nicht mehr wiederholen darf. Denn kurz nach den aufsehenerregenden Vorgängen in Zürich mußte ich mich mit einem Anwalt des DFB und Franz Beckenbauers (der »Kaiser!«) zu einer kleinen Besprechung treffen, bei der für einen kurzen Moment die Schadensersatz-Klagesumme von 300 Millionen Euro im Raum stand.

Aufgrund eines finanziellen Engpasses entschloß ich mich seinerzeit, dann doch lieber die Erklärung zu unterzeichnen, die der Anwalt vorbereitet hatte und die mir verbietet, Zeit meines Lebens noch einmal durch Bestechung Einfluß auf die Vergabe von Fußball-Turnieren der FIFA zu nehmen. Natürlich hatte ich Mühe, ernst zu bleiben – einen guten Witz macht man ja schließlich nur einmal, und die nächste deutsche WM-Bewerbung steht wahrscheinlich im Jahre 2086 an –, aber da es um sehr viel Geld ging, gelang es mir, die Contenance zu wahren.

Nicht verboten ist es mir jedoch, Ihnen zu erläutern, wie man durch Bestechung Einfluß nimmt auf die Vergabe von Fußball-Turnieren der FIFA. Und falls Sie sich mal langweilen oder aus anderen Gründen

Lust haben, eine Fußball-WM nach Aachen, Lehnin oder Frankfurt/Oder zu holen, können Sie das nach der Lektüre dieses Knallers aus dem Bombus-Verlag gern tun.

Aus Erfahrung kann ich Ihnen sagen: Im Prinzip wird so etwas gern gesehen. Die *FAZ* und weitere halbwegs seriöse Zeitungen haben vermeldet, daß die Bestechungsaktion unserem Land rund »1,5 Milliarden Euro Bruttosozialproduktszuwachs, 30 000 neue Arbeitsplätze« und ungezählte Baustellen im öffentlichen Nahverkehr bringt. Und das ist ja in wirtschaftlich schweren Zeiten wie diesen keine schlechte Sache.

Aus Erfahrung muß ich Ihnen sagen: Im Prinzip wird so etwas aber auch ungern gesehen. Von der *Bild*-Zeitung nämlich. Die ruft anschließend gerne dazu auf, den Urheber derartiger Scherze anzurufen und ihm mal die Meinung zu sagen. Und die geht dann so: »Sie sind ein ganz großes Schwein, die TITANIC!«; »Im Rechtsstaat gehören Leute wie Sie ins KZ. Sie gehören ausgewandert!«; »Schämen Sie sich, das war ein ganz grober Spaß...« Aber lesen Sie's doch bitte selbst!
Bevor ich schließe, muß ich mich wohl noch einmal bei Franz Beckenbauer bedanken (dem »Kaiser«!); vor allem für seine bestechende Vorarbeit. Ohne ihn wäre das freche Bubenstück aus der TITANIC-Redaktion nicht möglich gewesen; die WM 2006 wohl beim Neger in Südafrika gelandet...

Berlin-Charlottenburg, im September 2005

Martin Sonneborn

Dienstag, 15. Dezember 1998: Frankfurt

An einem grauen und bis dato globalhistorisch gesehen fast unauffälligen Dezembertag übernimmt Franz Beckenbauer offiziell die Federführung bei der Bewerbung des Deutschen Fußball-Bundes um die Fußball-Weltmeisterschaft 2006. In den folgenden anderthalb Jahren geht der ehemalige Fußballspieler mit seinen Golfschlägern, diversen Marco-Polo-Reiseführern (mit Insider-Tips) und ein paar Tüten voller Gastgeschenke auf Weltreisen. Der Mann, den die *Bild*-Zeitung gern als »Lichtgestalt« bezeichnet, macht Hausbesuche bei den Mitgliedern des FIFA-Exekutiv-Komitees, die hinterher mit rund 20 Millionen Mark zu Buche schlagen. Auch wenn man bedenkt, daß Beckenbauer im Flugzeug gern weiter vorne sitzt, eine ganz ansehnliche Summe Geldes. Während seiner Reisen, zwischendurch an Bushaltestellen und in der Warteschlange am Bahnhofskiosk, feilt der »Kaiser« *(Bild)* engagiert an einer fulminanten Rede, die er am 5. Juli 2000 ab 14 Uhr (MEZ) in Zürich vor dem FIFA-Komitee zu halten gedenkt. Natürlich ahnt der »Kaiser« *(Bunte)*, daß sie rhetorisch über all das hinausgehen muß, was er als Kapitän des FC Bayern oder als Trainer der deutschen Fußballnationalmannschaft in der Kabine seinen Jungs mit auf den Weg gegeben hat (»Und jetzt geht's raus und haut sie weg...«) – denn die Chancen der Deutschen, die WM auszurichten, stehen nicht wirklich gut.*

Anmerkungen

* Eine Vielzahl verrückter Verschwörungstheoretiker unter den seriösen deutschen Sportreportern geht davon aus, daß FIFA-Präsident Sepp Blatter, »der korrupteste Mensch der Welt« (TITANIC et. al.), sich die ausschlaggebenden afrikanischen Stimmen für seine Wiederwahl einfach mit dem Versprechen

Haben vergessen, vor dem Phototermin ihre Bestechungsgelder abzulegen: FIFA-Funktionäre Dempsey, Blatter

---

erkauft hat, die WM 2006 finde in Südafrika statt. Außerdem weiß man von Absprachen zwischen Brasilien und Südafrika: Die Südamerikaner wollen für die Südafrikaner stimmen, um dann im Gegenzug mit deren Unterstützung vier Jahre später den Zuschlag zu erhalten.

Mittwoch, 5. Juli 2000
14.00 Uhr (MEZ) Zürich

Vor ungerührt in alle Welt übertragenden Kameras präsentiert Franz Beckenbauer in der Schweiz den 24 stimmberechtigten Mitgliedern des FIFA-Komitees nervös die deutsche Bewerbung. Über quälend lange Minuten hinweg schwadroniert der »Kaiser« *(St. Pauli Nachrichten)* auf einer Bühne erbarmungslos schwitzend und mäßig mitreißend davon, daß es in Deutschland ein gut ausgebautes Straßennetz sowie wunderbar ausgestattete Hotelzimmer gebe, und eigentlich alle 80 Millionen Deutschen heute hätten mitkommen wollen, um die Bewerbung zu unterstützen, daß dafür aber nicht genügend Platz auf der Bühne sei. Leider reicht der Platz auf der Bühne aber durchaus für Boris Becker, Thomas Bach, Claudia Schiffer, Günter Netzer und Gerhard Schröder (SPD), die schweigend und mit verbissenem Dauerlächeln eine halbe Stunde lang hinter Beckenbauer herumstehen und die Daumen drücken. Selbst wenn Fachleute für Korruption und nigerianische Vetternwirtschaftswissenschaftler davon ausgehen, daß bei einem Spektakel wie der Fußball-WM naturgemäß große Bestechungssummen im Spiel sind: Von Geld oder geldwerten Vorteilen, die man ihnen für

30 Minuten lächeln und Daumen drücken: Kieser-Training für Arme

ihre Stimmen bieten würde, spricht der »Kaiser« (Wikipedia) vor seinen interessiert lauschenden Zuhörern nicht; vielleicht auch weil er sich denken kann, daß sich so etwas in der Öffentlichkeit nicht schicken würde. Auffälligerweise schauen gerade die Vertreter Südafrikas wie extrem korrupt und siegesgewiß umher.

14.30 Uhr (MEZ) Frankfurt

In der TITANIC-Villa in Frankfurt-Bockenheim sitzen die Redakteure vor dem Fernseher und verfolgen erstaunt die Live-Übertragung aus Zürich; viele hatten weder gewußt, daß Gerhard Schröder*

Anmerkungen

* Das halbstündige Daumendrücken ist um so überraschender, als die Redaktion zu diesem Zeitpunkt schon weiß, was sich vielen Bundesbürgern erst Jahre später langsam enthüllen wird. Hat doch bei einer TITANIC-Telefonaktion Gerhard Schröder schon am 2. Mai 1997, nach dem Wahlsieg der Labour-Party in England, mitten in der Nacht aus einem Hotelbett in Seattle heraus gegenüber Martin Sonneborn den Satz geäußert, der wie kein zweiter programmatisch für den SPD-Politiker steht und charakteristisch für die kurze Epoche des Schröder-Regimes sein dürfte: »Ich kann gar nichts, nicht mal singen!« Aufgrund eines Mißverständnisses hielt Schröder den Anrufer seinerzeit für »Mr. Burlington, wie die socks, head of the celebration committee, Labour Party«; die erstaunliche Offenheit und ungewöhnlich realistische Selbsteinschätzung Schröders ist nach Aussage zweier *Stern*-Reporter, die ihn seinerzeit auf der Reise begleitet haben, aber darüber hinaus auf »diverse Biere und Cognacs« zurückzuführen, die sich der Niedersachse bei der Besichtigung der Boeing-Werke reingepfiffen hatte. Weitere Aussagen wie »Ich bin hier in Amerika, und: toll eigentlich!«, »Ich weiß gar nicht, wer Sie sind, aber ich find Sie sehr sympathisch…« und »Oh, Sie sprechen aber gut Deutsch!« sind unter www.titanic-magazin.de nachzuhören.

»Es gibt keine geistige Opposition mehr in diesem Land, die über die TITANIC-Redaktion hinausreicht.« (Die Zeit) *Im Bild: die TITANIC-Redaktion*

über derartige Armmuskeln verfügt, noch daß sie selbst eigentlich in die Schweiz hatten mitkommen wollen, um die deutsche Bewerbung zu unterstützen. »Gute Güte, so wird das ja wohl nichts mit der WM!« ist die einhellige Meinung in der Redaktion, aber die spontan einberufene Krisensitzung bleibt komplett ergebnislos. Wie soll man in dieser verkorksten Situation das Blatt noch wenden?*

16.00 Uhr (MEZ) Zürich

Am Tag vor der entscheidenden Abstimmung ist die Stimmung innerhalb der deutschen Delegation sehr gedämpft. Trotz millionenschwerer Wirtschaftsverträge, die etwa DaimlerChrysler und Bayer, beides DFB-Sponsoren, in den vergangenen Tagen noch mit vier stimmberechtigten asiatischen Staaten** geschlossen haben, rechnet man nach dem Rückzug des Bewerbers Brasilien und der entsprechenden Blockbildung im Komitee mit einem Zuschlag für die Südafrikaner. Die Spiele zum Neger nach Afrika? Gott behüte! Die Schweiz allerdings trägt alles mit Gelassenheit. Ruhig spazieren die Zürcher in ihrer Kleinstadt umher, bezahlen anstandslos 13 Franken 80 für eine Bratwurst in der Kronenhalle oder widmen sich gelassen ihrer Lieblingsbeschäftigung: dem doppelten Verriegeln ihrer Haus- und Wohnungstüren.

Anmerkungen

* Dabei hatte die Frankfurter Redaktion schon so einiges auszubügeln in den vergangenen Jahren. Seit dem Amtsantritt der rotgrünen Koalition mußten des öfteren hoheitliche Aufgaben übernommen werden. Nicht zuletzt das Telefongespräch, in dem ein »Dr. Schmillen, Auswärtjes Amt, Büroleiter von Außenminister Fischer« (i.e. eigentlich Martin Sonneborn) der österreichischen Außenministerin Benita Ferero-Waldner mitteilte, daß ihr Land von der EXPO 2000 ausgeladen sei, sowie die Kriegserklärung, die Sonneborn stellvertretend für den Bundespräsidenten 1999 gegenüber Jugoslawien abgab, mögen hier als Beispiele angeführt werden. Das Fax mit der Kriegserklärung ist im Anhang dokumentiert.

** In späteren Aussagen gaben die Südafrikaner an, eigentlich fest mit den asiatischen Stimmen gerechnet zu haben; erst kurz vor der Wahl seien sie auf Deutschland übergeschwenkt. Die Londoner *Sunday Times* berichtet darüber hinaus explizit von einem Angebot Bundeskanzler Schröders: Sollten die vier asiatischen FIFA-Delegierten für Deutschland stimmen, werde es Anschlußaufträge für Asien geben.

Schon des öfteren verstand es TITANIC, das Ruder herumzureißen und aus desaströsen Unternehmungen in letzter Sekunde noch lustige desaströse Unternehmungen zu machen: Landtagswahlkampf in Bayern, September 2003

17 »Ich tat es für mein Land«

22.40 Uhr (MEZ) Frankfurt-Bockenheim

Im beschaulichen Bockenheim, dem »Kreuzberg Frankfurts« (Heribert Lenz), reift ein teuflischer Plan. Nach dem Abendbrot, reiflicher Überlegung und ein paar Bieren* beschließt TITANIC-Chefredakteur Martin Sonneborn, das Ruder in letzter Minute herumzureißen: Wenn die FIFA-Delegierten nicht freiwillig für Deutschland votieren wollen, muß man sie eben dazu zwingen. Notfalls indem man ihnen noch etwas mehr für ihre Stimme bietet, als ihnen ohnehin schon von interessierter Seite annonciert worden war. Kurzerhand fährt er mit dem Fahrrad noch einmal in die nahegelegene Redaktion. Ein schneller Blick in die Redaktionskasse bringt indes ein wenig befriedigendes Ergebnis: Der Verdacht liegt nahe, daß sich lächerlich macht, wer versucht, mit rund 700 Mark 24 FIFA-Vertreter zu bestechen. Folgerichtig beschließt Sonneborn, sich auf sieben Delegierte zu beschränken, wirft seinen Computer an und macht sich daran, ein Bestechungsschreiben aufzusetzen. Aufgrund der fortgeschrittenen Stunde trägt das eher uninspirierte Dokument, das in den nächsten sieben Minuten entsteht, schlußendlich weder Briefkopf noch Unterschrift, sondern besteht nur aus einem auf schlichtem billigem Papier ausgedruckten Word-Dokument.**

Anmerkungen

* Zweiter Mann am Abendbrotstisch war Dr. Lauxtermann, ein Schulfreund Sonneborns, der an diesem Abend wohl wortgewaltig die fixe Idee vertrat, es gäbe im medizinisch-wirtschaftlichen Komplex Deutschlands Bestechlichkeit. Später ging das Gespräch über auf frühere Schulstreiche gegen die gemeinsame Englisch-Lehrerin, Frau Bieler-Kentsch, und Korruption im Sport.

** Gespeichert wurde das Dokument anschließend unter dem Titel »Kleiner Bestechungsversuch 07/2000« im Ordner »dies & das«. Ein sicheres Indiz dafür, daß der Verfasser sich offenbar keine allzugroßen Folgen ausrechnete.

To: Mr. Ismail Bhamjee
- confidential -

URGENT PLEASE CONVEY IMMEDIATELY

Frankfurt, 5.7.2000
23:00

Dear Mr. Bhamjee,

in this difficult situation, Mr. Beckenbauer and I would like to emphasize the urgency of our appeal to hold the World Cup 2006 in Germany.

Let me come straight to the point:
In appreciation of your support we would like to offer you a small gift for your vote in favour of Germany.
Please do not hesitate to contact me immediately should you have any specific requests!

We trust in the wisdom of your decision tomorrow,
I look forward to speaking with you,
sincerely yours,

Martin Hansen
Secretary TDES
(WM 2006 initiative)

0049 - 69 - 707 903 91

Ein Bestechungsbrief wie aus dem Lehrbuch
(»Bestechungsschreiben gut und richtig formulieren!«, Dudenverlag 1999)

23.15 Uhr (MEZ) Frankfurt/Zürich

Die meisten Delegierten logieren standesgemäß im Grand Hotel Dolder, hoch über Zürich gelegen. Den guten Ausblick und die Luxussuiten* bezahlen die Fußballfans in den Stadien; und das ist auch gut so, denn schon das beiläufige Leeren der Minibar kostet so viele Schweizer Franken wie anderswo die Übernachtung für eine Großfamilie. Dafür ist allerdings auch der Service entsprechend: Als ein später Anrufer aus Deutschland höflich einige »wichtige und äh, hochsensible Nachrichten« ankündigt, reagiert die Dame an der Rezeption freundlich und kooperativ. Sie verspricht, persönlich dafür Sorge zu tragen, daß die Fernkopien noch vor der Abstimmung am nächsten Tag in die Hände der Adressaten gelangen. Kein Wunder eigentlich, schließlich sind wir ja in der Schweiz.

Nachdem die Übermittlung gesichert ist, gehen sieben gleichlautende Faxe an die FIFA-Herren Chung Mong-Joon (Südkorea), Jack Warner (Trinidad), Ricardo Teixeira (Brasilien), Abdullah Al-Dabal (Tunesien), Ismail Bhamjee (Botswana), Charles Dempsey (Neuseeland) und Chuck Blazer (USA) auf die Reise. Ausgewählt sind die sieben Männer nach sportpolitischen Aspekten (die ersten sechs) bzw. nach ihrer Physiognomie (Chuck Blazer).

Die dürren Sätze, in denen ein Herr »Martin Hansen, Secretary TDES«**, noch einmal routinemäßig sein und Franz Beckenbauers Interesse

---

Anmerkungen

* Der Zimmerpreis beträgt 3270 Franken; mit ein paar Erdnüssen und zwei Schnäpsen aus der Minibar vermutlich das Doppelte.

** Die Unterschrift »Hansen« ist wahrscheinlich Sonneborns Scheu geschuldet, den eigenen sauberen Nachnamen in dieser zwielichtigen Angelegenheit zu verwenden. Das Pseudonym »Hansen« dürfte sich vermutlich auf seinen zweiten Vornamen, Hans, beziehen und kam schon verschiedentlich in TITANIC-Telefon-Aktionen zum Einsatz.

(v.l.o.n.r.u.) FIFA-Delegierte Chung Mong-Joon (Südkorea), Jack Warner (Trinidad), Ricardo Teixeira (Brasilien), Abdullah Al-Dabal (Tunesien), Ismail Bhamjee (Botswana), Charles Dempsey (Neuseeland)...

an der Ausrichtung der WM 2006 in Deutschland bekräftigt, tragen weder Briefkopf, noch sind sie mit einer Signatur versehen. Zum Ausgleich wird dem Adressaten für seine Stimme ein kleines Geschenk (»a small gift«)*** in Aussicht gestellt und um direkten

---

Anmerkungen

*** Da für jeden der Angeschriebenen nur rund 50 Euro zur Verfügung stehen, bleibt der Charakter des »kleinen Geschenks« bewußt unspezifisch.

Rückruf unter einer Frankfurter Telefonnummer* gebeten. Daß Sonneborn seit einem Gespräch mit einer Wirtschaftsjournalistin allen Ernstes glaubt, schriftliche Mitteilungen würden in derartigen Funktionärs-Kreisen überhaupt nicht ernst genommen, wenn unter dem Absendernamen nicht mindestens die Bezeichnung »Secretary« nebst einer völlig sinn- und wahllosen Buchstabenkombination erscheint, weiß die Schweizer Hotelangestellte nicht. Daß TDES für »TITANIC, das endgültige Satiremagazin« steht, wohl ebensowenig. Wie sich später herausstellt, nimmt die Dame die Faxe aus dem Faxgerät, faltet sie ordentlich, steckt sie in Briefumschläge und schiebt sie – in Anbetracht der späten Stunde – unter den Türen der FIFA-Mitglieder hindurch.** Nicht zuletzt unter der Tür zur Suite von Charles Dempsey. Dem *Focus* gegenüber wird sie sich später beschweren, sie habe »in dieser Nacht sehr viel zu tun gehabt«; die *FAZ* resümiert: »Im Zürcher Hotel Dolder ging es damals hoch her...«

23.55 Uhr (MEZ) Frankfurt/Zürich

Das Telefon in der Frankfurter Redaktion bleibt stumm. Niemand ruft zurück. Was ist los mit den Delegierten? Sollten sie – im Gegensatz etwa zu den Mitgliedern des Olympischen Komitees – den Umgang mit solch generösen Angeboten gar nicht gewohnt sein?

Anmerkungen

* Frankfurt ist die Stadt, in der traditionsgemäß der Deutsche Fußball-Bund residiert. Natürlich im »richtigen, guten Frankfurt im freien Westen, nicht im DDR-Frankfurt an der Polengrenze« (Oliver Maria Schmitt).

** Erst dadurch bekommt die Aktion eigentlich ihren konspirativen Charakter.

Sollten sie dem Grundgedanken der Korruption mißtrauisch oder gar ablehnend gegenüberstehen? Oder sind sie vielleicht nur nicht in der Lage, sich das annoncierte kleine Geschenk schmackhaft auszumalen? Zumindest Chuck Blazer kann man diese Mühe leicht abnehmen, seine geheimsten Sehnsüchte stehen ihm ins Gesicht geschrieben wie keinem zweiten Komitee-Mitglied.

...und Chuck Blazer wie er lebt und leibt.

Und so geht um 23.58 Uhr ein zweites Fax, individuell auf Chuck Blazer zugeschnitten, auf die Reise. Hierin wird das Angebot erstmals entsprechend konkretisiert: »A fine basket with specialties from the black forest, including some really good sausages, ham and – hold on to your seat – a wonderful KuKu-Clock!* And a beer mug, too! Do we leave you any choice???«
Eine Wahl? Nein, wohl kaum, gar nicht, offensichtlich überhaupt keine – der nächste Tag wird es zeigen! Um auch Blazers phantasiearme Kollegen nicht zu benachteiligen und keinen Neid zu schüren, gehen gleich noch sechs weitere Faxe hinterher. Während im Grand Hotel

Anmerkungen

* Die Schreibweise »KuKuClock« wird wohl ein Rätsel bleiben. Drei verschiedene Interpretationen sind im Umlauf: Daß der Autor nach den Erfahrungen seiner Redaktion mit dem DFB auf dessen Ruf einer gewissen Unprofessionalität in internationalen Kreisen spekulierte, daß in seinem Elternhaus ein fernöstlicher Billignachbau einer Kuckucksuhr mit entsprechend falschem Aufdruck hing; oder daß er beim Verfassen des zweiten Faxes einfach schon zu betrunken war.

Dolder hektisch die Falzstreifen weiterer Briefumschläge angeleckt werden, erlöschen in der TITANIC-Redaktion langsam die Lichter.*

To Mr. Chuck Blazer
Hotel Dolder
Fax: 0041 1 269 30 01
- confidential -

URGENT PLEASE CONVEY IMMEDIATELY

Frankfurt, 5.7.2000
23:58

Dear Mr. Blazer,

in this difficult situation, Germany would like to emphasize the urgency of its appeal to hold the World Cup 2006 in Germany.

Let me come straight to the point:
In appreciation of your support we would like to offer you a small gift for your vote in favour of Germany:
A fine basket with specialities from the black forest, including some **really good sausages**, ham and – hold on to your seat – a wonderful KuKuClock!
And a beer mug, too! Do we leave you any choice???

We trust in the wisdom of your decision tomorrow,
sincerely yours,

Martin Sonneborn
Secretary TDES
(WM 2006 initiative)

Ein Bestechungsbrief wie aus dem Lehrbuch (»Bestechungsschreiben gut und richtig formulieren! Band II. Mit Insider-Tips« Dudenverlag 1999)

Donnerstag, 6. Juli 2000
09.00 Uhr (MEZ) Zürich

Das FIFA-Exekutivkomitee tritt zusammen. Gerüchten zufolge verspäten sich zwei Mitglieder, Sepp Blatter und der Vertreter Neuseelands, Charles Dempsey.** Als die Versammlung endlich komplett ist, wird in einer anderthalbstündigen geheimen und hochdemokratischen Wahl der Gastgeber der Fußball-WM 2006 ermittelt.

11.00 Uhr (MEZ) Frankfurt

In der TITANIC-Redaktion beginnt der Tag mit Zeitungslektüre. Neben den üblichen Witzen über die geringe Körpergröße des Layout-Zwerges Tom Hintner*** beschäftigt die Frage, wie gefährlich

---

Anmerkungen

* Totaler Quatsch, diese Formulierung, und vermutlich Sonneborns fatalem Hang zu schiefer Metaphorik geschuldet. In Wirklichkeit brennt bei Nachtarbeit in der Redaktion lediglich eine alte Schreibtischlampe im Chefredakteursbüro, die auf Knopfdruck schlagartig erlischt.

** Auch in diesem Fall liegen die Gründe im Dunkeln. Insider vermuten, daß Blatter an diesem Tag etwas länger als gewöhnlich in seinem morgendlichen Geldbad verweilte. Und Dempsey, so rekonstruierten gut informierte Greise, mußte sich offenbar noch mal umziehen. Er soll nach dem Aufstehen zuerst in den Anzug gestiegen sein, dann in die Unterwäsche.

*** Tom Hintner, die »kleinste Giraffe der Welt« (Hans Zippert), ist mit geschätzten 157 Zentimetern Körpergröße einer der kleinsten lebenden TITANIC-Redakteure der Welt – eine Tatsache, die ihm täglich (vorhersehbaren) Spott einbringt, der für gewöhnlich allseits belacht und mit einem fröhlichen »Bürohumor!« kommentiert wird.

Ecstasy wirklich ist, wenn Queen Mum immerhin gerade 100 wird, die Redakteure stärker als die bevorstehende Übertragung aus Zürich. Ab 14.00 Uhr läuft der Fernseher, aber mit einer Überraschung wird allgemein kaum gerechnet.

14.00 Uhr (MEZ) Zürich

In der Neuen Zürcher Messe tritt FIFA-Präsident Sepp Blatter entschlossen vor die Weltöffentlichkeit, öffnet in dramatischer Art und Weise einen verschlossenen Umschlag, hält mit seinen nächtens noch schnell manikürten Fingern ein Blatt in die Kamera und gibt mit leicht gequältem Gesichtsausdruck bekannt, daß Deutschland mit zwölf zu elf Stimmen den Zuschlag für die WM bekommen habe. Die Überraschung ist weltweit und komplett; nicht nur bei sämtlichen Fachleuten und beim »Kaiser« (Brockhaus, Bd. IV, J-KZ, S.156 ff.),

Sehen urplötzlich schwarz: Südafrikaner

sondern auch bei den südafrikanischen Schwergewichten in der ersten Reihe der Messehalle, deren Blicke nichts wirklich Erfreuliches für die Zukunft Sepp Blatters* verheißen dürften. Und Erstaunen natürlich auch in der TITANIC-Redaktion, hatte man doch Südafrika das Spektakel eigentlich von Herzen gegönnt.** Vermutlich um seine Haut zu retten, macht Sepp Blatter gegen alle demokratischen Gepflogenheiten öffentlich, daß Südafrika die erste Wahl gewesen wäre – wenn nicht Charles Dempsey sich der Stimme enthalten hätte. Dempsey nämlich, der mit seinen 78 Jahren als einer der geistig regeren im Komitee gilt, hatte vom Dachverband Ozeanien den Auftrag, für Südafrika zu stimmen.*** Obwohl Dempsey von Blatters Schachzug überrascht wird, ist er sportlich genug, sofort ins nächste Taxi zu springen und den erstbesten Flug nach Neuseeland zu nehmen. Aber auch wenn der Flugkapitän das Gaspedal über weite Strecken des Fluges bis zum Anschlag durchtritt, die Nachricht geht durch die vernetzte Welt wie ein

---

Anmerkungen

* Es sollen auf dem afrikanischen Kontinent ausgefeilte Voodoo-Techniken existieren, bei denen man mittels Nadeln und kleiner Stoffpuppen aus dem Scherzartikelhandel über hunderte von Kilometern hinweg Gallenkoliken bei Sepp Blatter erzeugen kann.

** Eine weltreisende Bekannte erzählt Sonneborn Monate später, daß sie die TV-Übertragung in einem Supermarkt in Kapstadt miterlebte, wo das öffentliche Leben für einen Moment zum Stillstand kam und die anschließende Enttäuschung groß gewesen sei. Sonneborn soll das schlechte Gewissen im Gesicht gestanden haben, er habe spontan geäußert, »Südafrika als Urlaubsziel vorerst für dieses Leben komplett zu streichen. Dann eben ans Meer.«

*** Wenn Dempsey für Südafrika gestimmt hätte, hätte die Wahl eine Pattsituation ergeben. In diesem Falle hätte den Statuten zufolge Blatters Stimme doppelt gezählt und die Entscheidung zugunsten Südafrikas bedeutet.

schlechter Scherz durchs Internet. Während Dempsey sich gerade über den Wolken Menü II nicht schmecken läßt, explodiert in Australien die neuseeländische Regierungschefin Helen Clark öffentlich und wirft Dempsey vor, alle bestehenden Absprachen gebrochen und einen Regierungsauftrag ignoriert zu haben. Nach Informationen der *taz* hatte sie nur Tage zuvor ihrem südafrikanischen Kollegen Thabo Mbeki telefonisch zugesichert, daß die Stimme Ozeaniens seinem Land sicher sei. Der Sportminister Neuseelands bezeichnet Dempsey als »nationale Schande«.

19.10 Uhr (MEZ) Zürich/Frankfurt/London

In der Redaktion klingelt das rote Aktions-Telefon, dessen Nummer in den Faxen aufgeführt war. Martin Sonneborn spurtet durch den langen Flur, holt zweimal tief Luft, nimmt den Hörer ab und meldet sich mit bestem polnischen Akzent: »Hello.« Er glaubt sich einem der angeschriebenen FIFA-Komiteemitglieder gegenüber. In Wirklichkeit handelt es sich um zwei Anrufer vom britischen Fernsehsender Channel 4; Starreporter Brandon Pittaway und sein Kollege haben – auf welchen Wegen auch immer – eins der Faxe in ihren Besitz gebracht und vermuten, den Urheber eines Bestechungsversuches* vor sich zu haben. Als das Gespräch intensiver wird und über »Yes. And how are you?« hinauszugehen beginnt, wird auf TITANIC-Seite der Zeichner Olav Westfalen (Rattelschneck) hinzugerufen, der seinen

---

Anmerkungen

* Zu Recht oder zu Unrecht, darüber gehen die Meinungen nach wie vor auseinander.

Neuseelands nationale Schande Charles Dempsey

Hauptwohnsitz in New York hat und sich an diesem Abend zufällig in der Redaktion aufhält. Im folgenden dolmetscht Rattelschneck fast professionell und völlig seriös zwischen den Parteien. Dabei wird das Gespräch mitgeschnitten – und zwar, wie sich erst später beim Abhören herausstellt, von beiden Seiten. Beim Auswerten des Bandes werden zur Überraschung und nicht geringen Freude der Redakteure so auch die leisen Kommentare hörbar, die sich die Engländer zuraunen, während Rattelschneck ins Deutsche übersetzt.

Channel 4 *Guten Tag, Herr Hansen, ich habe eine card, äh letter mit Ihrem Namen from the FIFA executive comitee: »Dear Mr. Warner, in this difficult situation Mr. Beckenbauer and I would like to emphasize...«*

TITANIC *Ja, this is right, that's my fax from yesterday evening.*

Channel 4 *Okay, why... hold on one second... Ah, Mr. Hansen, this letter it says »let me come strict to the point... sincerely yours Martin Hansen...«* (aufgeregt) *This letter, did you write the letter?*

TITANIC *Yes, sure, I did.*

Channel 4 (noch erregter) *You did write the letter?*

TITANIC (ruhig) *Yes.*

Channel 4 (investigativ) *And äh, what is TDES?*

TITANIC *It's a comitee for the worldcup 2006 in Germany.*

Channel 4 (völlig aufgelöst) *It's a comitee, it's a comitee, yes?*

TITANIC *Yes.*

Channel 4 (dreht fast durch) *And you are secretary of the bid comitee?*

TITANIC *Yes.*

Channel 4 (faßt sich nur mühsam) *And why did you write the letter?*

TITANIC *One moment, I call my äh translater.* (Rattelschneck kommt dazu und dolmetscht).

Channel 4 (leise zu seinem Kollegen) *Ah! He is in trouble! He is the secretary of the bid! Hehe!*

TITANIC *Yes? Westfalen, hello?*

Channel 4 *Why did you write the letter? Can you ask him, why did he write the letter.*

TITANIC (ernst) *Ja, weil ich wollte, weil es für unser Land sehr wichtig ist, daß wir die WM 2006 hier nach Deutschland holen.*

Channel 4 *It's important to have the world cup 2006 in Germany?*

TITANIC *Exactly.*

Channel 4 (ungläubig) *But obviously it could be interpreted as a form of corruption, as a form of bribery or inducement!*

TITANIC *Das kommt darauf an, was er verlangt für seine Stimme.*

Channel 4 *It depends on what your demand would be for your vote? Are we talking about money? Was he offering money or was he offering other things?*

TITANIC (großzügig) *Das können Sie sich aussuchen,ob das jetzt ein Mercedes ist oder Geld...*

Channel 4 (ungläubig) *It could be money or it could be other things?*

TITANIC *Yes, sure.*

Channel 4 (glaubt sich einem Watergate auf der Spur) *Did he receive any telephone calls from numbers of the FIFA executive comitee who received the letter?*

TITANIC *Ich bin nicht befugt, darüber Auskunft zu erteilen.*

Channel 4 (kann es nicht fassen) *He is not authorized to talk about that? Okay, so he admits sending up the letter, but he cannot tell me whether he had any responds?*

TITANIC *Exactely.*

Channel 4 (wittert einen möglichen Pulitzerpreis) *How many letters did he send to members of the FIFA executive comitee? How many?*

TITANIC *Ich möchte mit Ihnen gerne über Ihr eigenes Fax sprechen und über Ihre Wünsche, aber nicht über die Faxe Ihrer Kollegen.*

Channel 4 *But can he answer the question! This is a straight question, a simple question! How many faxes were sent to members of the FIFA executive comitee? I have been told about seven.* (leise zur Seite) *This is fucking unbelievable!*

TITANIC (ausweichend) *Genug, um die Entscheidung herbeizuführen...*

Channel 4 (energisch) *One final question! I want to know exactely, for whom Mr. Hansen works, does he work for the world-cup-bid and if so, how long has he worked for the world-cup-bid, the TDES Deutschland?*

TITANIC *Ich arbeite seit ca. 2 Monaten daran.**

Channel 4 *In what specific aspect of the bid does he work?*

TITANIC *Ich kann Ihnen dazu nicht mehr sagen.*

Channel 4 *Okay, one final question: Did Franz Beckenbauer or any other member of the German bid know about this letters?* (überzeugt zur Seite) *This is really fucking amazing!*

TITANIC (abweisend) *Darauf möchte ich in diesem Gespräch nicht eingehen, ich möchte noch einmal um absolute Vertraulichkeit bitten, und das werden wir natürlich öffentlich nicht weiter erörtern...*

Channel 4 (beiseite, jubelnd) *It's got to be, it's got to be!* (wieder laut in den Hörer, triumphierend) *Ah! Hörren Sie: I am not a member of a FIFA bid. Ich arbeite für Kanal 4 Fernsehen in London.* (triumphierend) *Ich bin journalist. Can you tell him? I am a journalist,* (stolz) *I work for Channel 4 television news in London.*** *And* (drohend) *I have taken a note of the conversation that we have had.* (beiseite, wie im Rausch) *He didn't mean, that he talks to a journalist. He thought, I was a bid-member!*

TITANIC (aufgeregt schreiend) *Um Gottes willen, ein Journalist, nein!*

Anmerkungen

* Diese Äußerung bezieht sich wohl weniger auf die Bestechungs-Faxe als auf die Tatsache, daß Sonneborn zu diesem Zeitpunkt bereits seit gut zwei Monaten fünf schlecht gefälschte Rolex-Imitate in der Schreibtischschublade liegen hat. Von den berüchtigten TITANIC-Trinkgelagen in der Frankfurter Gaststätte »Horizont« sind mehrere Äußerungen des Chefredakteurs überliefert, die in die Richtung gingen, man müsse »da mal was machen, mit dieser WM-Vergabe«, die seien »doch alle, alle komplett korrupt, dieses FIFA-Gesocks!« etc.

** »Kanal 4 Fernsehen in London« (Brandon Pittaway) war wenig später nicht mehr ganz so begeistert von der Mitarbeit Mr. Pittaways. Als das schwedische Fernsehen zwei Jahre später einen ausführlicheren Rückblick auf die WM-Bestechung dreht, weigert sich die britische Programmdirektion, überhaupt etwas von dem seinerzeit gesendeten Material herauszugeben.

Ein Journalist für Kanal 4 in England. Nein! Um Gottes willen...
Channel 4 (zur Seite, lacht sich ins Fäustchen) *He said: Gott im Himmel!*
TITANIC (hysterisch) *Ich beende sofort das Gespräch. Wir werden das niemals öffentlich zugeben!*
Channel 4 *You terminate the conversation.* (sehr hämisch) *Thank you very much indeed.**

19.00 Uhr (GMT) London

Mit der Aufmachermeldung seiner Hauptnachrichtensendung deckt Channel 4 einen handfesten Skandal auf: Ein Sekretär des deutschen TDES namens Martin Hansen habe einem Reporter des Senders gegenüber eingestanden, sieben Mitgliedern des FIFA-Komitees Bestechungsbriefe unter der Hoteltür durchgeschoben zu haben. Zum Beweis spielt Channel 4 Auszüge des gerade erst geführten Telefongespräches zwischen Pittaway und Sonneborn ein. Der Bericht schließt mit der Feststellung: Es bestehe dringender

---

Anmerkungen

* Pittaway selbst bekam von offiziellen Stellen keinen Preis für seine investigative Leistung. Aber da er den Fortgang der gesamten Affäre maßgeblich beschleunigte, wurde er immerhin auf der »Bild-Leser beschimpfen TITANIC-Redakteure«-CD verewigt, die nach der Affäre entstand und auf der sich unter den wie üblich zu Werbezwecken aufgeführten positiven Rezensionsstimmen auch sein Name findet: »›Fucking unbelievable!‹ (Brandon Pittaway)«. Als Sonneborn ein Jahr später wegen einer anderen Aktion von einem BBC-Kollegen Pittaways interviewt wird, nutzt er die Möglichkeit, diesem eine CD für seinen Telefongesprächspartner mitzugeben. Der BBC-Kollege erbittet Aufklärung und verspricht anschließend, Pittaway die Platte persönlich zu überbringen, sobald er sich von seinem Lachanfall erholt habe.

Wirkt nicht wirklich begeistert: britischer BBC-Korrespondent mit Fax (v.l.n.r.)

Aufklärungsbedarf. Die BBC zieht nach, ganz Großbritannien ist empört über das unsaubere Spiel der Deutschen.* Stunden später wird Charles Dempsey bei einem Zwischenstopp in Singapur von Reportern bedrängt. In einem Fernseh-Interview erklärt er, für

Anmerkungen

* Der TITANIC-Redaktion wäre das fast verborgen geblieben. In der Kürze der Zeit läßt sich in England lediglich die leicht senile Tante eines früheren Kollegen auftreiben, die im heimischen Südengland die Nachrichten auf Channel 4 verfolgt hat. Als Sonneborn sie telefonisch nach den neuesten Meldungen fragt, erinnert sie sich erst ganz zum Schluß an eine Meldung zum Themenkomplex Fußball und Bestechung. Zu genau diesem Zeitpunkt wird dem TITANIC-Chefredakteur klar, daß er nicht mehr Herr des Geschehens ist.

seine Entscheidung habe er »gute Gründe« gehabt, die er aber nicht weiter erläutern wolle. Jedenfalls sei er massiv bedrängt wie bedroht worden, und in der Nacht vor der Abstimmung habe man ihm sogar Faxe unter der Tür durchgeschoben.

20.05 Uhr (MEZ) Frankfurt

Ab sofort klingelt das Aktions-Telefon pausenlos. Sonneborn schickt die TITANIC-Redakteure auf ein paar Biere in den Günthersburg-Park. Als er mit dem Fahrrad hinterherfährt, erreicht ihn ein Anruf aus der ntv-Nachrichtenredaktion: Es seien Bestechungsfaxe aufgetaucht, der Absender habe das Kürzel »TDES« hinter seinem Namen, und TITANIC fange doch mit »T« an, ob die Redaktion vielleicht dahinterstecke... Zum erstenmal in seiner beruflichen Karriere belügt Sonneborn einen Journalisten bewußt und direkt: »Ich werde mal nachforschen, aber ich gehe davon aus, daß dem nicht so ist.«

23.00 Uhr (MEZ) Zürich/Frankfurt

Brandon Pittaways Kollegen von Channel 4 haben die deutsche Delegation im Garten des Küsnachter Edelrestaurants »Zur Kunststuben« aufgespürt. Als der DFB-Pressesprecher mit dem Fax konfrontiert wird, ist es mit der ausgelassenen Stimmung schnell vorbei. Die Feier wird abgebrochen. Auch die Sportreporter Thomas Kistner (*Süddeutsche Zeitung*) und Jens Weinreich (*Berliner Zeitung*) sind vor Ort. Wer nicht vor Ort ist, kann sich am nächsten Tag dank der *Berliner Zeitung* ein Bild machen:

»DFB-Mediendirektor Wolfgang Niersbach war außer sich,* als er von den Vorwürfen erfuhr. Niersbach verweigerte Auskünfte und verdächtigte die in Küsnacht anwesenden englischen und deutschen Berichterstatter der Konspiration…« Nach der Auseinandersetzung machen sich die DFB-Vertreter zu Fuß (!) auf den Heimweg.

23.00 Uhr (MEZ) Günthersburg-Park

Ganz anders im Günthersburg-Park in Frankfurt; das Wetter ist prächtig, das Bier schmeckt gut, die Stimmung ist auf dem Höhepunkt. Ohne daß man genau wüßte, was die nächsten Tage bringen werden, sind alle Redakteure vom Gefühl befeuert, daß wieder mal ein Schuljungenstreich geglückt ist und größere Kreise zieht, als man geahnt hatte. Auf dem Heimweg fährt Sonneborn noch auf einen Sprung in der Redaktion vorbei und geht – betrunken und neugierig – an das immer noch klingelnde Aktions-Telefon. Der Anrufer ist Jens Weinreich, Sportreporter der *Berliner Zeitung*. Er kennt »Herrn Hansen« vom Hallenfußball in Berlin-Marzahn, an dem Sonneborn – nach Zeugenaussagen

---

Anmerkungen

* Der Vollständigkeit halber sei hier noch angemerkt, daß Niersbach immer noch über ein gesundes Empörungspotential verfügt, sobald der Name TITANIC ins Spiel kommt. Als der Medienprofi von einem Reporter für einen Fernsehfilm über Satire und Justiz auf die »WM-Bestechungsaffäre« angesprochen wird, bekommt er einen roten Kopf und brüllt: »Sechs Jahre harte Arbeit, und dann kommt da dieses… dieses… Satiremagazin und macht alles, alles kaputt!« Eine Kopie der Aufnahme befindet sich im Besitz der TITANIC-Redaktion.

Wirkt auch nicht begeistert: Südafrikaner mit Fax

begeisterungsfähig aber ohne herausragendes Talent – teilnimmt, so oft er in Berlin weilt. Beide erkennen einander sofort, eigenen Angaben zufolge hört Sonneborn »es förmlich rattern bei Jens, das Tier*«. »Mensch, wißt ihr überhaupt, was ihr da getan habt?« flüstert der Berliner Journalist, »ihr habt das Zünglein an der Waage gespielt! Ihr habt wahrscheinlich den Ausschlag gegeben dafür, daß die Fußball-WM nach Deutschland geht…« Sonneborns Reaktion ist nicht überliefert.

Anmerkungen

* Offenbar Weinreichs Spitzname unter den Feierabendfußballern, nach Zeugenaussagen auf seinen Körpereinsatz vorm gegnerischen Tor zurückzuführen; der einzige, dem der wuchtige Spieler freiwillig abzugeben bereit gewesen sein soll, war Michael Meier, seinerzeit Chefredakteur der *Berliner Zeitung*.

Freitag, 7. Juli 2000
06.00 Uhr (GMT) London

Der Londoner *Evening Standard* veröffentlicht Auszüge aus dem ersten Fax an Charles Dempsey. Eine gewisse vorwurfsvolle Haltung den Deutschen gegenüber ist dem Artikel nicht abzusprechen. Und dank Sepp Blatter weiß man genau, wem man die Entscheidung zugunsten Deutschlands zu verdanken hat...

07.00 Uhr (MEZ) Zürich

Die Bestechungsvorwürfe ziehen Kreise, bei DFB und FIFA jagt längst eine Krisensitzung die nächste. Sepp Blatter überlegt öffentlich, die Wahl wiederholen zu lassen.* Der »Kaiser« (Gothaer Adelskalender) ist nervöser als vor seinem verschossenen Elfmeter in der Saison 1965/66. Während FIFA-Sprecher Keith Cooper weise und wortgewaltig erklärt »Das Ganze ist so dumm und amateurhaft gemacht, daß man der Angelegenheit nicht mehr Bedeutung beimessen sollte, als sie wirklich verdient!«, will FIFA-Generalsekretär Zen-Ruffinen die Justizbehörden einschalten, weiß aber leider nicht, welche. Zola Zinwar, der südafrikanische Nationaltrainer, fordert eine polizeiliche Untersuchung, aber man kann sich nicht einigen, ob »wir jetzt die Schweizer oder die deutsche Polizei verständigen!« (Keith Cooper) Auf die Idee, die Fax-Absenderkennung oder zumindest die Frankfurter Telefonnummer überprüfen zu lassen, ist bis dahin niemand gekommen.

Anmerkungen

*Er hat ja auch am meisten Interesse daran. Möglicherweise zwickt es ihn bereits in den Gallengängen, drückt es in der Lebergegend...

14.40 Uhr (MEZ) Frankfurt/Hamburg

Da mittlerweile immer mehr Anrufer die Nummer der Absenderkennung wählen und den Fax-Anschluß von TITANIC empfindlich blockieren, erklärt Martin Sonneborn gegenüber der Presseagentur dpa*, er sei der Absender der nächtlichen Bestechungsfaxe. Noch vier Minuten haben die Redakteure Zeit, der Pointe, an der sie gerade herumfeilen, den letzten Schliff zu verpassen. Danach ist es für Stunden und Tage vorbei mit der beschaulichen Ruhe in der Redaktion.

Anmerkungen

* Die Deutsche Presseagentur dpa nimmt diese Meldung gern auf. Bei anderen Erklärungen der Redaktion ist das nicht immer ganz so unproblematisch. Als Sonneborn der Agentur etwa im August 2005 per Pressemitteilung die Gründung einer Partei namens Die PARTEI anzeigt, »deren Hauptanliegen der Sturz des Schröder-Regimes ist und die einen populistischen und schmierigen Wahlkampf ankündigt mit der Hauptforderung, die Mauer wieder aufzubauen«, ist die einzige Reaktion des Frankfurter Büroleiters ein Stöhnen: »Um Gottes willen! Das ist das letzte, was unser Land derzeit brauchen kann.« Auch das »Große Schwarzgeld-Treffen TITANIC/CDU in Luzern«, zu dem mit Eckhard von Klaeden und Willi Hausmann immerhin der parlamentarische Geschäftsführer der CDU und ihr Bundesgeschäftsführer Hals über Kopf in die Schweiz reisen, weil ihnen per Telefon aus der TITANIC-Redaktion mit Schweizer Akzent neue millionenschwere Schwarzgeldkonten ihrer Partei annonciert werden, will ein Hamburger dpa-Politikredakteur anfangs nicht vermelden. (Wie sich später herausstellt, kennen ihn seine Kollegen als CDU-Sympathisanten.) Die Geschichte der PARTEI ist im Anhang kurz referiert, da sie von erheblicher Bedeutung für unser Land ist und dieses Buch sonst nicht voll geworden wäre.

Neben Fußball sind Politik, Pornographie und Antisemitismus weitere Hobbies der Redaktion: Wahlkampfaktion mit FDP-Kreisvorsitzenden in der Zone (Eisenach, Juni 2002)

FDP
FDP
FDP
FDP
Gib endlich Friedman!
Judenfrei und Spass dabei!

14.45 Uhr (MEZ)
Frankfurt/Paris/New York/London/Rom/Madrid/
Kapstadt etc.

Die dpa schreibt lapidar: »Der ›getürkte‹ Bestechungsversuch löste weltweit Irritationen aus.« Nicht nur weltweit, auch in der TITANIC-Redaktion. Die nächsten sieben Stunden werden die Redakteure von Medienvertretern belagert, zuerst über die Telefonanlage, dann auch persönlich. Neben den deutschen TV- bzw. Radio-Nachrichtensendungen, Nachrichtenagenturen und überregionalen Zeitungen stürzen sich auch ausländische Medien auf die Nachricht, von der *New York* über die *London* bis zur *Irish Times*, von *Herald Tribune, Le Monde, Dagens Nyheter*, der gesamten europäischen Boulevard- und Sportpresse über *La Republicca, BBC, RAI*, namenlose spanische Sender, die nach eigenen Angaben »komplett Südamerika abdecken«, australische und polnische Magazine und irgendwelche weiteren bis zu den südafrikanischen Blättern *Cape Argus* und *Star*. Und viele andere aber auch noch! Martin Sonneborn erklärt gegenüber der Nachrichtenagentur Reuters: »Ich tat es für mein Land!«* Auf die Frage der BBC, ob man die Bestechungsfaxe als FIFA-Mitglied wirklich ernst nehmen konnte, räumt er ein: »Ja, wenn man sehr hungrig war.«

Anmerkungen

* Eine Begründung, die – treuherzig vorgetragen – besonders in Ländern, die einen etwas ausgeprägteren Nationalstolz pflegen, gut verstanden wurde; am besten wohl in Großbritannien.

18.00 Uhr (MEZ) Zürich

Jack Warner, Präsident des karibischen Fußballverbands, bestätigt gegenüber einem Kamerateam, daß er einen Bestechungsbrief erhalten und einen Scherz vermutet habe: »Die Briefe waren schlecht getippt* und sahen ziemlich komisch aus. Sie sollten nicht ernst genommen werden.«

02.00 Uhr (MEZ) Australien, Afrika, Neuseeland, Frankfurt

Ozeanien und Südafrika erwägen, die Wahl anzufechten und wiederholen zu lassen. Die Stimmung beim Deutschen Fußball-Bund ist so mittel.

18.00 Uhr (MEZ) Frankfurt

Ein übernächtigter DFB-Generalsekretär Horst R. Schmidt verspricht TITANIC in mehreren Fernsehinterviews »für diesen üblen Scherz« eine Strafanzeige, die sich gewaschen habe, und erklärt gegenüber der Presse, der DFB besitze viel Humor, aber »die Grenzen der Satire sind weit überschritten worden!«

Anmerkungen

* Sonneborn hat den ältesten Drucker in der Redaktion, eine legendäre Maschine namens Canon BJC 4200. Trotzdem ist das Schriftbild einwandfrei. Auf die Kritik an seinem Schreiben angesprochen, entgegnet Sonneborn: »Jack Warner sieht selber ziemlich komisch aus. Er sollte nicht ernst genommen werden.«

Sonneborn erklärt gegenüber der Presse, bei TITANIC habe man gleichfalls viel Humor, aber wo die Grenzen der Satire in Deutschland verliefen, bestimme man »doch lieber selbst, statt es den Laien vom DFB zu überlassen. Wir äußern uns ja auch nicht zur Abseitsproblematik.«

22.00 Uhr (MEZ) Frankfurt

In etwas entspannterer Atmosphäre klingt der Arbeitstag im Günthersburg-Park aus. Bei einigen Weizenbieren entspinnt sich eine Diskussion über die Grenzen der Satire, des DFB und der Bundesrepublik Deutschland in den Grenzen von 1990.*

Samstag, 8. Juli 2000
8.00 Uhr (MEZ) Welt/Europa

Schon in der ersten Welle von Berichten deutscher Tageszeitungen vermuten verschiedene seriösere Journalisten, daß der

---

Anmerkungen

*Eine Diskussion, die schnell auf die fortbestehende Zweiteilung Deutschlands kommt, welche in TITANIC seit der »Wiedervereinigung« in unzähligen Artikeln und Telefon-Aktionen in teilweise hämischer Weise thematisiert wurde. Das Motto ihres Mitbegründers Chlodwig Poth, das TITANIC im Impressum führt (»Die endgültige Teilung Deutschlands – das ist unser Auftrag!«), wurde auch zum Leitspruch der PARTEI, die von der Redaktion im August 2004 gegründet wurde, um die Mauer wieder aufzubauen.

Hat viel Humor: DFB-Generalsekretär Horst R. Schmidt

»folgenschwere Scherz des Satiremagazins TITANIC möglicherweise das Zünglein an der Waage gespielt« (*Süddeutsche Zeitung*) und den Ausschlag für das überraschende Wahlergebnis gegeben habe. Die Boulevard-Presse interpretiert die Aktion etwas anders: Als brutalen Anschlag auf die deutschen Interessen und – schlimmer noch – auf Franz Beckenbauer, den »Kaiser« (Gerd Müller 1977 an der Bar), die Lichtgestalt! Entweder wird gegen Charles Dempsey gehetzt (seltener) oder gegen TITANIC (öfter). In den Redaktionsstuben von *Bild, Berliner Kurier, Welt, Kölner Express, Berliner BZ* und anderen einschlägigen Blättern ist die Stimmung angespannt; man versteht noch nicht, muß

Wir vertrauen in die Weisheit ihrer Entscheidung morgen. (...).

Dieser Feind des steckt dahinter

Wie haben die das mit den Briefen gemacht?

Sonneborn: „Ich habe um 24 Uhr sieben Faxe losgeschickt und die Rezeptionsdame gebeten, sie sofort zuzustellen."

Was stand drin?

Sonneborn: „Englischer Text, es wurde ein Präsentkorb angeboten: Schwarzwälder Schinken, verdammt gute (really good) Wurst und, halten Sie sich fest, eine wundervolle Kuckucksuhr."

Was sollte das Ganze?

Sonneborn: „Die Präsentation der deutschen Bewerbung war dermaßen peinlich, dass wir uns zum Einschreiten gezwungen sahen. Die Idee dahinter: Frag nicht, was dein Land für dich tun kann, sondern frag, was du für dein Land tun kannst."

Mit der Aufregung bei der FIFA rechneten Sie also.

Sonneborn: „Wie sich gezeigt hat, hatte unsere kleine Aktion Erfolg: Deutschland hat die WM bekommen. Damit hätten wir gar nicht gerechnet. Und außerdem: Wahrschein... wir nicht ... die da be... ben."

Sind Sie ... ren, den ... deutschen ... gefährdet ... Arbeit viel...

Sonneborn sagt, es h... gelohnt. Ic... dass Sc...

FUSSBALL 29

vor der Wahl des WM-Austragungsortes 2006 zu „bestechen"

die Briefe von der „Titanic"

rant erschien. Der DFB will nun möglicherweise Rechtsmittel einlegen. „Wir werden prüfen, ob rechtliche Schritte zu unternehmen sind, weil diese üble Sache die Grenzen dessen, was wir unter einem Scherz verstehen, bei weitem überschreitet", sagte DFB-Generalsekretär Horst R. Schmidt.

In dem von einem Martin Hansen, Sekretär TDES (WM 2006 Initiative), unterzeichneten Brief, hieß es unter anderem: „Lassen Sie mich direkt auf den Punkt

DER „SKANDAL"

kommen. In Anerkennung Ihrer Unterstützung würden wir Ihnen gerne ein kleines Geschenk für Ihre Stimme für Deutschland zukommen lassen. Zögern Sie nicht, mit uns in Verbindung zu treten, sollten Sie irgendwelche speziellen Wünsche haben." „Dieser Brief, den wir gesehen haben und der angeblich von den Deutschen kommen soll, sieht nicht sehr authentisch aus. Es tönt wie eine wilde Geschichte, ziemlich unwahrscheinlich", erklärte Alec McGivan, Direktor des englischen Bewerbungs-Komitees. FIFA-Pressechef Keith Cooper sagte zu den angeblichen Bestechungsversuchen: „Die Mitglieder des Exekutivkomitees, die diesen Brief von einem angeblichen Mitglied eines Bewerbungskomitees erhalten haben, sind der Ansicht, dass er nicht ernst zu nehmen sei."

Die Briefe waren bis zu zehn Exekutiv-Mitgliedern unter der Hoteltür durchgeschoben worden. FIFA-Vizepräsident Jack Warner und der Schotte David Will hatten von den Vorgängen erfahren und FIFA-Präsident Joseph Blatter gedrängt, die Polizei einzuschalten. Blatter habe dies aber abgelehnt, berichtete der englische Privatsender Channel 4 News. Warner selbst sprach später gegenüber der BBC von einem „schlechten Scherz" und meinte: „Die Briefe waren schlecht getippt und sahen ziemlich komisch aus. Sie sollten nicht ernst genommen werden." rj

Charles J. Dempsey
Foto: dpa

Dempsey entschied die Wahl für Deutschland, wird jetzt von allen Seiten schlimm bepöbelt

● Deutschland liegt ihm zu Füßen, zu Hause in Neuseeland gilt er seit Donnerstag als „nationale Schande". Und in Südafrika wird er behandelt wie der Staatsfeind Nummer eins – Charles Dempsey.

Der 78-jährige gebürtige Schotte enthielt sich in Zürich bei der Bestimmung des WM-Ausrichters 2006 im entscheidenden Wahlgang der Stimme, machte so den Weg für Deutschland frei. Und sich zum Buhmann der Verlierer. Dempseys Entscheidung – eine des Herzens und Verstandes, gegen alle Vorgaben, Anweisungen, Befehle.

Neuseelands Ministerpräsidentin Helen Clarke fürchtet um die politischen Beziehungen zu Südafrika, telefonierte mit Staatschef Thabo Mbeki: „Dempsey hatte den Regierungsauftrag, für Südafrika zu stimmen, wenn England raus fliegt." Noch deutlicher wurde

HINTERGRUND

Sportminister Trevor Mallard: „Ich bin schockiert, dass eine einzelne Person ihr Stimmrecht missbraucht. Herr Dempsey hat das internationale Ansehen unseres Landes beschädigt und auch den neuseeländischen Sport. Eine nationale Schande."

In Südafrika zierte Dempseys Porträt fast alle Titelseiten der Zeitungen, zig Tausende aufgebrachter Fans pöbelten immer wieder: „Du Verräter, du hast uns betrogen."

Dempsey, der schon vor der Wahl gegenüber Kollegen angekündigt hatte, dass er nur solange mit abstimmt, wenn England noch im Rennen ist, bleibt in der ganzen Aufregung ruhig. Er will seine Entscheidung nach der Rückkehr am Wochenende dem Exekutiv-Komitee des Ozeanischen Fußball-Verbandes erläutern. Ein Gang zum Schafott? Denn die Herren werden ihn mit ihren Fragen durchbohren. Auch sie wissen: Dempsey ist leidenschaftlicher Golfer, hat schon häufiger mit Franz Beckenbauer den Schläger geschwungen. pw

---

Pa... wege...

WM verrückt. Angebli... die Welt. Geboten: D...

Unser Freu... der Sündenb...

Dempsey in Neuseeland beschimp...

„Kaiserliche"

8. Juli 2000: Die Journaille dreht auf und durch

ßballs

view mit

onneborn

Schily mit uns zufrieden sind. ‚titanic' hat ja schon öfter für sie Außenpolitik betrieben, jetzt eben auch erfolgreich Sportpolitik. Und sollte das ganze Wahlverfahren deshalb wirklich wiederholt werden, bin ich sicher: Der Kaiser wird's – mit uns zusammen – schon richten."

itanic

ungsversuch ging um

st und Kuckucksuhr

adien-Ch

BERLINER KURIER, 8.7.2000

Satire-Zeitschrift versuchte, FIFA-Delegierte

2006 DEUTSCHLAND

Riesiger Wirbel um

Strahlende Gesichter bei der WM-Vergabe (v.l.): FIFA-Präsident Sepp Blatter und unsere WM-Botschafter Franz Beckenbauer und Fedor Radmann. Foto: dpa

ZÜRICH - Ein angeblicher Bestechungsversuch im Zusammenhang mit der der Vergabe der Fußball-WM 2006 an Deutschland hat sich als übler Scherz entpuppt.

Die Satire-Zeitung „Titanic" gab gestern zu, sie habe Mitgliedern des FIFA-Exekutiv-Komitees „getürkte" Briefe geschickt, in denen Gelder in Aussicht gestellt werden, wenn Deutschland den Zuschlag bekomme. Die Vorwürfe hatten zuvor weltweit Irritationen ausgelöst.

„Titanic"-Chefredakteur Martin Sonneborn bestätigte, ...

... lich sei. Die FIFA und der DFB kündigten eine Untersuchung an. Die bei der Wahl am Donnerstag knapp unterlegenen Südafrikaner erwägen einen Protest gegen das Votum von Zürich. „Nachdem die Medien das Thema weltweit aufgegriffen haben, ist es für uns eine logische Folge, abzuklären, ob diese Briefe ein Unfug, ein schlechter Scherz oder etwas anderes darstellen", hatte FIFA-Pressesprecher Andreas Herren betont.

Die DFB-Delegation war am Donnerstagabend mit den angeblichen Bestechungs-Schreiben konfrontiert worden, als ein...

38 BZ-Sport

Sonnabend, 8. Juli 2000

Damit konnte nicht mal Franz in seiner Weitsicht rechnen

Und auf einmal hieß es, Deutschland hat bestochen...

Berlin – Der Jubel drohte uns im Halse stecken zu bleiben. Noch am Abend der WM-Vergabe warf das Wort „Bestechung" urplötzlich einen dunklen Schatten auf Deutschland.

Sieben FIFA-Exekutiv-Mitglieder entdeckten am Morgen der Abstimmung je zwei Faxe in ihren Hotelzimmern. Ein Martin Hansen versprach darin (auch im Namen Beckenbauers!) Geschenke, würden die sieben Herren später für Deutschland stimmen.

Der Schotte Will kontaktierte FIFA-Boss Blatter, bat, die Polizei einzuschalten. Blatter aber hielt die Briefe (zum Glück) zunächst für einen Scherz. Als nach der 12:11-Abstimmung aber alle WM-Kandidaten davon erfuhren, brach das Chaos aus.

Von England war sofort zu hören, Deutschland habe sich die WM erkauft. Südafrika forderte gar eine sofortige Wahl-Wiederholung. Asiens Vertreter sahen die Beziehungen zu Europa gefährdet. Die FIFA kündigte eine Untersuchung wegen Bestechung an.

Blanke Panik beim DFB. Keiner wußte was von einem „Sekretär der WM-2006-Initiative", Martin Hansen, wissen, der auch noch seine Frankfurter Telefonnummer in den Briefen hinterließ (unter der er aber nicht zu erreichen war).

To: Mr. Jack A. Warner
– confidential –

URGENT PLEASE CONVEY IMMEDIATELY

Dear Mr. Warner,

Martin Hansen
Secretary TDES
(WM 2006 initiative)

To Mr. Chuck Blazer

URGENT PLEASE CONVEY IMMEDIATELY

Dear Mr. Blazer,

Martin Sonneborn
Secretary TDES
(WM 2006 initiative)

Diese Briefe gingen an die FIFA-Delegierten

Dieser Feind des Fußballs steckt dahinter

BZ-Interview mit Martin Sonneborn

Morddrohungen! Dempsey enthielt sich aus Angst

Charles Dempsey

aber weiterhin schreiben und kommentieren.* In der ersten Empörung bekommt auch Sonneborn persönlich sein Fett weg:

Anmerkungen

* Stellvertretend für viele andere Artikel mag hier der Kommentar von Frank Quednau aus der *Welt* vom 8.7.2000 stehen:

Keine Satire mehr

Die »TITANIC« sinkt – Kommentar

von Frank Quednau

Satire, sagte einst der Satiriker und Schauspieler Helmut Qualtinger, sei »die Kunst, einem anderen so auf den Fuß zu treten, daß er es merkt, aber nicht aufschreit«. Und wenn nun gleich die Zehen des Fußes abgehackt werden sollen, die infame Lust der Zerstörung wütet und schamloses Denken die Satire als Lyrik des Hasses entlarvt – dann müssen wir eben doch schreien. Satire mag vielleicht alles dürfen, aber dann muß sie auch eine sein.

Das Magazin »TITANIC« schob Mitgliedern des Exekutivkomitees des Fußball-Weltverbandes Fifa, die die Weltmeisterschaft 2006 nach Deutschland vergaben, Briefe unter. Das dilettantische Geschreibsel mußte nicht nur von den (zu Recht) enttäuschten Südafrikanern als Bestechungsversuch gewertet werden. Lacht da noch einer, wenn hohlköpfige Possenreißer einem heiteren, ob der Entscheidung froh gesinnten Volk nicht auf den Fuß, sondern ins Gesicht treten?

Eilfertig bestätigte Martin Sonneborn, Chefredakteur des Magazins, daß die Briefe aus seinem üblen Scherzladen stammen. Nicht etwa aus Scham, sondern wohl nur wegen des preiswerten Werbekrachers, den sich nur ausdenken kann, wer nicht in der Lage ist, weiter zu denken. Südafrika forderte bereits Ermittlungen der Polizei.

Satire als aussichtsloser Versuch, die Wirklichkeit aus der Welt zu raffen? Die Wirklichkeit steckt in der deutschen Freude und dem tröstenden Gruß an Südafrika, hoffentlich nicht in außenpolitischen Scherben. Für die »TITANIC« und ihre aufgeblasene Mannschaft gilt nur, was dann gar nicht mehr so traurig ist vor ihrem Untergang: nichts im Griff auf dem sinkenden Schiff.

DIE WELT FORUM online

Sonntag, 09. Juli 2000
Berlin, 19:54 Uhr

Keine Satire mehr

Die Titanic sinkt - Kommentar

Von Frank Quednau

Satire, sagte einst der Satiriker und Schauspieler Helmut Qualtinger, sei "die Kunst, einem anderen so auf den Fuß zu treten, dass er es merkt, aber nicht aufschreit". Und wenn nun gleich die Zehen des Fußes abgehackt werden sollen, die infame Lust der Zerstörung wütet und schamloses Denken die Satire als Lyrik des Hasses entlarvt - dann müssen wir eben doch schreien. Satire mag vielleicht alles dürfen, aber dann muss sie auch eine sein.

Das Magazin "Titanic" schob Mitgliedern des Exekutivkomitees des Fußball-Weltverbandes Fifa, die die Weltmeisterschaft 2006 nach Deutschland vergaben, Briefe unter. Das dilettantische Geschreibsel musste nicht nur von den (zu Recht) enttäuschten Südafrikanern als Bestechungsversuch gewertet werden. Lacht da noch einer, wenn hohlköpfige Possenreißer, einem heiteren, ob der Entscheidung froh gesinnten Volk nicht auf den Fuß, sondern ins Gesicht treten?

Eilfertig bestätigte Martin Sonneborn, Chefredakteur des Magazins, dass die Briefe aus seinem üblen Scherzladen stammen. Nicht etwa aus Scham, sondern wohl nur wegen des preiswerten Werbekrachers, den sich nur ausdenken kann, wer nicht in der Lage ist, weiter zu denken. Südafrika forderte bereits Ermittlungen der Polizei.

Satire als aussichtsloser Versuch, die Wirklichkeit aus der Welt zu raffen? Die Wirklichkeit steckt in der deutschen Freude und dem tröstenden Gruß an Südafrika, hoffentlich nicht in außenpolitischen Scherben. Für die "Titanic" und ihre aufgeblasene Mannschaft gilt nur, was dann gar nicht mehr so traurig ist vor ihrem Untergang: nichts im Griff auf dem sinkenden Schiff.

Der Artikel zum Hören

Weitere Artikel zum Thema
› Tränen am Kap der Guten Hoffnung

»Dieser Feind des Fußballs war es!« zürnt etwa die *Berliner BZ** und veröffentlicht unter der Schlagzeile ein Bild des vermeintlichen Übeltäters. Auch die meisten europäischen Zeitungen vermuten erst mal eine Einflußnahme von deutscher Seite, die südafrikanische Presse ist sich sogar recht schnell recht sicher, daß lediglich ein Fall von Bestechung** dem eigenen Land die bereits sicher geglaubte WM entreißen konnte.

Anmerkungen

* Als die Sportredaktion der *BZ* einen Tag später anruft, um Sonneborn zu interviewen, erklärt dieser am Telefon, lediglich mit seinem alten Freund Helmut Krähe sprechen zu wollen, der als freier Mitarbeiter dort bisweilen Bundesligaspiele kommentiert. Die beleidigten Springerjournalisten machen diesen ausfindig, das Interview kommt zustande. Später berichtet Krähe, die Stimmung sei »eher TITANIC-kritisch« gewesen: »Die Idioten haben uns alles versaut!«

** Selbst die angesehene südafrikanische Wochenzeitung *Sunday Independent* schreibt: »Unsere Politiker haben zwar versucht, es diplomatischer auszudrücken, aber diese Wahl war nackte Korruption.«

9.50 Uhr (MEZ) Frankfurt

Leicht übernächtigt, aber gut gelaunt und fast noch arglos macht sich Martin Sonneborn auf den Weg in die Redaktion. Er ist dort mit einem Kamerateam von Spiegel TV zum Interview verabredet. Gewohnheitsmäßig ersteht er auf dem Weg eine *Bild*-Zeitung

Gefälschte Bestechungsbriefe bei der WM-Entscheidung

Böses Spiel gegen Franz

To: Mr. Jack A. Warner
- confidential -

URGENT PLEASE CONVEY IMMEDIATELY

Frankfurt, 5.7.2000
23:00

Dear Mr. Warner,

in this difficult situation, Mr. Beckenbauer and I would like to emphasize the urgency of our appeal to hold the World Cup 2006 in Germany.

Let me come straight to the point:

Samstag, 158/27
8. Juli 2000, 80 Pf

Bild

UNABHÄNGIG · ÜBERPARTEILICH

FRANKFURT

Leser-Telefon 069/29 20 41

„Titanic"-Chefredakteur Martin Sonneborn.

Deutschland freute sich über die Fußball-WM 2006 – dann der Schock.

Plötzlich stand Franz Beckenbauer, der so aufopferungsvoll um die WM gekämpft hat, im Brennpunkt. Bestechungsbriefe waren aufgetaucht. Ein ganz böses Spiel gegen Kaiser Franz! Die üble Briefattacke – alles Fälschungen. Ein geschmackloser Schwindel des Satire-Magazins „Titanic" unter Chefredakteur Martin Sonneborn.

Das hätte uns die WM kosten können. Jetzt droht der Zeitschrift selbst ein Nachspiel: Der DFB will klagen – SPORT.

Tour de France
Schlitzohr Wüst

SUPER-BINGO – 4. Spiel

59484516 Goldene Zahl

120 175 192 200 204 426 451

Autos, Traumreisen, bis zu 50 000 Mark in bar. Schnell mitmachen! Mehr zum Spiel – Seite 9.

Immer noch besser, als sein Gesicht morgens im Spiegel *zu sehen!*

und stutzt, als sein Blick auf die Titelseite fällt. Neben der Schlagzeile »Böses Spiel gegen Franz – Gefälschte Bestechungsbriefe bei der WM-Entscheidung« entdeckt er eins seiner Faxe wieder und neben dem Aufmacherbild des »Kaisers« (Mail Order Kaiser's) auch ein kleines Photo von sich selbst und liest weiter: *Deutschland freute sich über die Fußball-WM 2006 – dann der Schock. Plötzlich stand Franz Beckenbauer, der so aufopferungsvoll um die WM gekämpft hat, im Brennpunkt. Bestechungsbriefe waren aufgetaucht. Ein ganz böses Spiel gegen Kaiser Franz! Die üble Briefattacke – alles Fälschungen.* Ein geschmackloser Schwindel des Satiremagazins »TITANIC« unter Chefredakteur Martin Sonneborn. Das hätte uns die WM kosten können. Jetzt droht der Zeitschrift selbst ein Nachspiel: Der DFB will klagen! – Sport.*

Sonneborn lacht still in sich hinein, kann es kaum fassen, beginnt sich besinnungslos vor sich hin zu freuen und erwirbt zur Sicherheit am nächsten Kiosk eine weitere Ausgabe. Er ist begierig zu erfahren, was es für ein Gefühl ist, wenn man das bigotte Lügenblatt in dem Wissen kauft, daß man mit Bild auf der Titelseite aufgeführt ist. Leider ist die Erfahrung kaum der Rede wert bzw. nicht einmal die 80 Pfennig, die *Bild* kostet; und er wird vom Kioskverkäufer auch gar nicht erkannt.**

Anmerkungen

* Die Frage, ob es gerechtfertigt ist, die Faxe als im eigentlichen Sinne »gefälscht« zu bezeichnen, ist hier nicht von Belang; wir ahnen ja, was die *Bild*-Zeitung sagen will.

** Eine Tatsache, deren Erkenntniswert sich verringert, wenn man weiß, daß Sonneborns Mitbewohner Jann-Peter Lauxtermann, vier Jahre nach seinem Wegzug aus Frankfurt, anläßlich eines Besuches ein paar Bierflaschen an diesem Kiosk erwarb und von der kroatischen Besitzerin routiniert und keineswegs irritiert mit exakt den gleichen Worten begrüßt wurde wie täglich in den zehn Jahren, die er in Frankfurt verbracht hatte.

10.00 Uhr (MEZ) Frankfurt

Im Innenteil geht es weiter:

Bestechungsbriefe: Der DFB will die Fälscher verklagen

Fortsetzung von Seite 1

So lief das üble Spiel gegen Franz Beckenbauer:

Die Frankfurter „Titanic"-Redakteure schickten Faxe an das Züricher Hotel, in dem die 24 Mitglieder des Exekutiv-Komitees wohnten. Auf deren Stimme kam es ja an.

In dem Schreiben hieß es u.a.: „In Anerkennung Ihrer Unterstützung würden wir Ihnen gerne ein kleines Geschenk für Ihre Stimme für Deutschland zukommen lassen. Zögern Sie nicht, mit uns in Verbindung zu treten." Unterschrieben wurde mit Martin Hansen.

In einem zweiten Fax hat man den Funktionären typisch deutsche Produkte wie Schwarzwälder Schinken und Kuckucksuhren als Geschenk angeboten.

Die falschen Bestechungsbriefe aber kamen vielen gleich merkwürdig vor. FIFA-Vizepräsident Jack Warner: „Die Briefe waren schlecht getippt und sahen ziemlich komisch aus." FIFA-Pressechef Keith Cooper: „Das Ganze ist dumm und amteurhaft gemacht."

Dennoch: Hätte man die Briefe ernst genommen – Deutschland hätte die WM verlieren können.

Verantwortlich für den Brief-Attacke gegen Beckenbauer ist „Titanic"-Chefredakteur Martin Sonneborn. Sein Redakteur Stefan Gärtner erklärt: „Wir haben uns nichts zu Schulden kommen lassen. Wir sind die Helden."

Ist das Lachen vergangen: FIFA-Mitglied Charles Dempsey.

Über die „Titanic"-Aktion kann aber keiner lachen. Und auch der Zeitschrift selbst wird es wohl schnell vergehen. Denn der DFB will klagen.

Generalsekretär Horst R. Schmidt erklärte gestern: „Die große Freude über den Erhalt der WM ist sehr schnell getrübt worden. Diese Geschichte hat absoluten Schaden zugefügt – dem DFB und Deutschland. Der DFB erwägt – in Absprache mit der FIFA – rechtliche Schritte gegen „Titanic". Die Grenze der Satire ist weit überschritten worden."

Liebe BILD-Leser, meinen Sie das auch? Rufen Sie doch unter der Nummer 069/9705040 die „Titanic"-Redaktion an und sagen Sie Ihre Meinung. Oder schicken Sie ein Fax: 069/97050497.

„Titanic" wird noch Ärger kriegen – Neuseelands FIFA-Mitglied Charles Dempsey (78) hat ihn schon. Seine Stimm-Enthaltung brachte Deutschland den Zuschlag, mit dem Südafrika schon fest gerechnet hatte. Dempsey erklärte, unablässige Telefonanrufe hätten ihn zur Enthaltung bewogen.

Die FIFA gab am frühen Abend bekannt: Sämtliche Untersuchungen wg. angeblicher Bestechung werden eingestellt.

2006 DEUTSCHLAND

Pressestimmen

Die Reaktionen der Weltpresse auf die WM-Vergabe sind gemischt. Riesen-Enttäuschung natürlich in Südafrika.

- **Sowetan:** „Hochverrat an Südafrika."
- **Daily Mail:** „Eine Schande für Europa."
- **Blick (Schweiz):** „Triumph für Kaiser Franz – Ohrfeige für FIFA-Sepp."
- **Tages-Anzeiger:** „Deutschland im Glück. Beckenbauers größter Erfolg."
- **Sun (England):** „Der Kaiser vollendet WM-Hattrick. Die Körbchen von Schiffer, die die Wahl gewannen."
- **Express:** „Beckenbauer kam, sah und siegte."
- **Marca (Spanien):** Beckenbauers Wunder."
- **Kronen-Zeitung** (Österreich): „Was Kaiser Franz anfasst, wird zu Gold."
- **Le Soir: (Belgien):** „Ein Sieg der Vernunft."
- **Malay Mail (Malaysia):** „Beckenbauers Charisma ist ein Gütesiegel für jedes Ereignis."
- **Gazzetta dello Sport (Italien):** „Dieser Triumph eröffnet Franz das Tor zum UEFA-Präsident."
- **Corriere dello Sport (Italien):** „Die Niederlage Blatters ist so bitter wie Beckenbauers Sieg zuckersüß ist."

Sonneborn ahnt bereits, daß der eine oder andere *Bild*-Leser die Gelegenheit nutzen wird, um mal mit der Redaktion Kontakt aufzunehmen. Als er die Redaktionstür aufschließt, klingeln bereits alle vier Telefone Sturm. Hektisch greift er sich das einzige herumliegende Aufnahmegerät, ein altes Sony-Bandgerät, mit dem bereits TITANIC-Urgestein Christian Schmidt herumtobte, und ein Aktivmikrophon. Da die Einrichtung einer Rufumleitung zum Aktions-Telefon zu viel Zeit kosten würde, aktiviert Sonneborn an seinem Telefon einfach die Lautsprecher-Funktion und legt das Mikrophon direkt auf den Apparat. Natürlich nur aus Versehen, denn das Mitschneiden von Telefongesprächen wird im Strafgesetzbuch nicht sonderlich geschätzt.* Dann stellt er sich den Fragen, Anregungen und kritischen Glückwünschen der begeisterten *Bild*-Leser: »Sie sind ein ganz großes Schwein, die TITANIC!«; »Im Rechtsstaat gehören Leute wie Sie ins KZ!«**; »Dafür kriegen Sie keinen Purlitzer Preis!«*** Sonneborn ist begeistert: Eine Telefon-Aktion, bei der man sich in Ruhe anrufen lassen kann und

---

Anmerkungen

* Im Gegenteil: Wer die Vertraulichkeit des gesprochenen Wortes im Telefongespräch nicht wahrt, kann zu bis zu zwei Jahren Haft verurteilt werden. Im Gefängnis! In den TITANIC-Telefon-Aktionen verläßt sich die Redaktion offensichtlich darauf, daß die Gegenseite stets Grund genug hat, nicht zu klagen. So auch im vorliegenden Falle der *Bild*-Leser.

** Eine repräsentative Auswahl der poetischsten Anrufe und Faxe ist im Anhang dokumentiert.

*** Ob er Angst bekommen habe ob der telefonischen Drohungen der *Bild*-Leser und der Veröffentlichung seines Photos, wird Sonneborn bei Lesungen oft gefragt. Nicht wirklich, so die regelmäßige Antwort, die unangenehmere Folge sei wohl der gelegentliche Spott, wenn er beim Fußball mit Freunden mal über den Ball trete: »Ah, dieser Feind des Fußballs...«

für die *Bild*-Zeitung* Werbung macht! Leider soll sich aber die kurze Vorbereitungszeit bald rächen, denn die Batterie im Aktivmikrophon gibt nach rund 50 Minuten ihren Geist auf. Das Aufnahmegerät läuft heiß in den nächsten Stunden, aber auf den Kassetten finden sich lediglich 45 Minuten engagierter Beschimpfungen. Ein paar weitere Anrufe werden vom Spiegel TV-Team mitgeschnitten, das verspätet in der Sophienstraße auftaucht und anstelle eines Interviews begeistert die improvisierte Live-Talk-Show für aufgebrachte Anrufer mitfilmt. Nach dem großen Lacherfolg, den das Vorspielen der Gespräche mit den *Bild*-Lesern in der folgenden, gut besuchten Redaktionskonferenz erzielen kann,** entschließt sich die Redaktion, eine CD mit den schönsten Anrufen herauszugeben. Die Platte wird die erfolgreichste Aboprämie der TITANIC und schafft es – wenn man dem *Rolling Stone* Glauben schenken darf – bis auf Platz fünf der persönlichen Charts von Smudo.

Bitte ignorieren Sie diese Schleichwerbung
für die TITANIC-CD, zu bestellen unter www.titanic-magazin.de!

Anmerkungen

* Aus Spaß und um die schöne Feindschaft zur Chefredaktion der *Bild*-Zeitung zu pflegen, veröffentlicht Sonneborn in der nächsten TITANIC-Ausgabe deren Durchwahl: »Liebe TITANIC-Leser, meinen Sie das auch? Rufen Sie doch unter Nummer 040 / 34 72 20 92 *Bild*-Chefredakteur Udo Röbel an und sagen Sie Ihre Meinung. Oder senden Sie unter der gleichen Nummer ein Fax.« (Keine schöne Idee natürlich, auch zum Faxen an diese Durchwahl zu ermuntern; aber schließlich haben die Redakteure des Lügenblattes ja angefangen.) Immer mal wieder im Gespräch ist auch die Idee, mit laufendem Aufnahmegerät selbst bei *Bild* anzurufen, ein paar deftige Verwünschungen auszustoßen und eine CD »TITANIC-Redakteure beschimpfen *Bild*-Redakteure« zu produzieren. Realisiert wurde das Vorhaben bisher indes nicht.

** Die Mitarbeit der *Bild*-Leser stößt in der Redaktion auf derartige Begeisterung, daß Sonneborn diese später noch zu weiteren Aktionen einlädt. So erhalten ein paar Monate später die Schreiber der dümmsten und grimmigsten Leserbriefe zur SPD-Politik, die in *Bild* abgedruckt wurden, einen Anruf der »*Bild*-Chefredaktion«, in dem sie aufs äußerste gelobt und als ständige Polit-Kommentatoren verpflichtet werden. Die schönsten der durchweg unterhaltsamen Kommentare allerdings, die daraufhin in Heimarbeit entstehen, veröffentlicht dann natürlich: TITANIC. Auch zur Überraschung des Neukolumnisten Udo D.:

Bild-Kommentar:

Die Form dieser Regierung ist zum Untergang verurteilt!

Ich habe Hitler gekannt, Ulbricht, Honecker, Piek und alle Kanzler Deutschlands. Aber was sich Gerhard Schröder von seinen Möchtegernministern gefallen läßt, ist eine Katastrophe. Auch Gremien von der anderen Fakultät schießen manchmal, noch tiefer unter die Gürtellinie. Herr Bundeskanzler, zeigen Sie Format zu Ihren Ministern! Lassen Sie sich nicht auf dem Kopf herum tanzen, um nur diese Koalition zu halten, es gibt auch noch andere Partner!

11.00 Uhr (GMT) England

Obwohl man die eigene Bewerbungsniederlage zu verkraften hat und die britischen Boulevard-Blätter wohl am lautesten gekräht haben*, zeigt man sich in England als sportlicher Verlierer: Nach Auskunft der britischen Satirezeitschrift *Private Eye*** lacht ganz Großbritannien über die Bestechungsfaxe, insbesondere über die angebotene Kuckucksuhr. Der »Kaiser« (Google) dagegen kann darüber auch weiterhin nicht lachen.

Anmerkungen

* *Daily Mail*-Schlagzeile: »Rotten stench of foul play!«

** Oliver Maria Schmitt trifft als Gast in einer britischen Fernsehsendung auf Ian Hislop, Chefredakteur von *Private Eye*, der ihm seinen Respekt für den Scherz ausspricht. Hislop selbst schreibt später über die »WM-Affäre«: *Who says the Germans don't have a sense of humour? Not only did they win the contest to host the World Cup but their satirists turned the entire proceedings into a first-rate joke. The FIFA-officials who had to make the decision were sent a fax, slipped discreetly under the doors of their Zürich hotel rooms at night, which looked like a bribe from the german team. As the international uproar began the fax was revealed to be a hoax by the German satirical magazine TITANIC.*

To pretend to bribe FIFA officials when a lot of the shenanigans around the real decision look close to corruption has been a very good satirical joke. It certainly worked well enough to embarrass Charles Dempsey, the FIFA official from New Zealand who abstained in the vote and thus allowed Germany to win. Dempsey who had been told to vote for South Africa by his own football federation, said, there was so much pressure on him that he finally decided not to vote at all and described the hoax bribe as »the final straw«.

You would have thougt that the wording of the fax might have been a bit obvious, with its promise of »fine basket of specialities from the Black Forest« including »sausage, ham and an wonderful Cuckoo clock«. But no, the whole affair has been taken incredibly serious by everyone. The German authorities were outraged and described the hoax as beeing in »very poor taste«. The German daily paper Bild *was so angry that it published the photos of TITANIC's staff on it's front page, and printed their phone numbers in large type. Quite a lot of readers phoned the satirists, including a number of »serious Nazis«. TITANIC's editor answered his critics by saying he had written the fax out of love for his country since being the host was the only way the ailing German team would ever qualify for the championship. When asked if anyone at FIFA was meant to take this bribe seriously he said, »Yes, if they were hungry.« This struck me as genuinely funny but also as refreshing self-deprecating. The english are meant to have a monopoly on this sort of thing and yet here are the Germans giving the world a laugh, and laughing at themselves, producing a piece of satire that may have started a process of change in the ridiculous World Cup host selection procedures.*

WHEELING AND DEALING IN ZURICH
Rotten stench
From MARTIN LIPTON in Zurich
GERMANS IN WORLD CUP BUNG SCANDAL
'Gifts for votes'
DEUTSCHLAND
FOCUS
THE MAN WHO STOLE THE WORLD CUP
WHEELING AND DEALING IN ZURICH
of foul play
Revenge of the Asian tigers, a plot to remove Blatter and the mysterious letters from Herr Hansen which tainted Germany's great day
WHERE THE VOTES WENT
1ST ROUND

Purlitzer-preisverdächtig:
Bild-Zeitungen auf Englisch

Sonntag, 9. Juli
22.25 Uhr (MEZ) Frankfurt

Direkt nach dem Bericht von Spiegel TV, in dem minutenlang fast ungeschnittene Telefongespräche zwischen Sonneborn und den *Bild*-Lesern gesendet werden, kommt es in der TITANIC-Redaktion* zu einer zweiten Anruferwelle, diesmal mit überwiegend positivem Echo. In Neuseeland scheitert ein Versuch des Ozeanischen Fußballverbandes, den eigenen Präsidenten Charles Dempsey abzuwählen, lediglich daran, daß am Sonntag nicht genügend stimmberechtigte Delegierte zusammenkommen.

Montag, 10. Juli 2000
03.00 Uhr (MEZ) Australien: Auckland

Der Druck auf Charles Dempsey wird immer größer. Der 78jährige tritt noch einmal vor die Presse, um seinen Rücktritt anzukündigen. Es ist das größte Medienaufkommen in der Geschichte des ozeanischen Fußballs. Zusammen mit seiner Tochter erklärt er sein

---

Anmerkungen

* Sonneborn sieht die Sendung in der Redaktion. »Aus Protest« hat er vor längerem seinen eigenen Fernseher abgeschafft, »aus Protest gegen die schlechte Qualität, in der das wunderbar sinnlose Programm in meinem alten Gerät ankommt. Zimmerantenne, Sie verstehen.« Eher inhaltlich motiviert sein dürfte dagegen die laufende TITANIC-Kampagne gegen die GEZ: Die Redaktion verlost regelmäßig Geld- und Sachpreise unter Lesern, die sich mit der Begründung »Johannes B. Kerner ist als Moderator überbezahlt!« bei der GEZ abmelden. Näheres dazu in jeder Ausgaben von TITANIC, Seite 66.

Verhalten bei der Abstimmung damit, daß er von verschiedenen Seiten stark unter Druck gesetzt worden sei. Dann folgt – gesprochen von einem Mann auf der anderen, falschen Seite der Erde mit dem Kopf nach unten – der für TITANIC entscheidende Satz: »This final fax broke my neck!« In der Übersetzung gelangt er auch nach Mitteleuropa: »Den Rest habe ihm ein Bestechungsbrief gegeben, der um seine Stimme für Deutschland warb« (Reuters), »der Bestechungsbrief von TITANIC« (*FAZ*): »Von da an bekam ich wirklich Angst.« Offensichtlich sah ein verwirrter älterer Herr, der Presseberichten zufolge vom »Kaiser« (*Telefonbuch Berlin*, Bd. I, A-K), von Sepp Blatter, Gerhard Schröder und Nelson Mandela extrem unter Druck gesetzt wurde*, keinen anderen Ausweg mehr, als für

---

Anmerkungen

* Auszug aus einem Interview, daß die *Welt* am 9. Juni 2005 mit Charles Dempsey führt:

Die Welt: *»Es war zu lesen, daß Sie sogar bedroht wurden.« Dempsey: »Es ist nur richtig, daß in den letzten Stunden vor dem Wahlgang mein Telefon nicht mehr stillstand. Ich weiß, daß es in diesem Moment viele Personen gab, die mich beeinflussen wollten. Es war wirklich verwirrend. Jeder wollte jeden beeinflussen.« Der schottische FIFA-Vertreter David Will bestätigt später in einem Brief: »Dempsey hat mich zwischen fünf und sieben Uhr morgens dreimal angerufen, um mich von Telefonanrufen, darunter einen von Nelson Mandela, zu unterrichten, die seine Stimmabgabe beeinflussen sollten.« Und: »Später stellte sich heraus, daß dieser Brief (von TITANIC) ein Witz war, aber in den Morgenstunden des Donnerstag sah es nicht danach aus – auch für mich nicht.«*

Etwas knapper ist die Analyse von FIFA-Vizepräsident Julio Grondona am Tag nach der Abstimmung in Zürich: »Dempsey war verwirrt, er hat nichts gecheckt. Er ist eine große Persönlichkeit, aber er ist zu alt!« Für diese These spricht auch Dempseys spätere Aussage: »Ich habe nie gedacht, daß die WM für so viele Leute so wichtig ist.«

England* zu stimmen, solange die Briten im Rennen waren, und sich anschließend seiner Stimme zu enthalten. Was das für Folgen haben würde, war Dempsey offenbar nicht bewußt; aber sympathischerweise würde er, so Dempsey im Interview, »jederzeit wieder so handeln«.**

22.30 Uhr (MEZ) Hamburg

In den »Tagesthemen« eröffnet Sprecherin Gabi Bauer die Sendung mit der Meldung: *Jetzt ist es raus: die TITANIC hat den Deutschen die Fußball-Weltmeisterschaft beschert! Weil das satirisch gemeinte Bestechungsfax des satirisch gemeinten Magazins nämlich den bedrängten neuseeländischen FIFA-Vertreter, Charles Dempsey, endgültig zur Verzweiflung brachte. Dempsey ist derjenige, der sich bei der letzten Entscheidung zwischen Südafrika und Deutschland enthalten hatte – obwohl er seine Stimme Südafrika geben sollte. Heute hat er – zurück in Neuseeland – versucht, seine »Verzweiflungstat« zu erklären – und auch, daß er sich, so sagt er, der Folge gar nicht bewußt gewesen sei. Das sei ihm erst hinterher klar geworden. Welch ein Mißverständnis!* Zwar füllen alle Sender ihre Sendezeit billig mit Berichten über die

---

Anmerkungen

* Der Neuseeländer Dempsey ist gebürtiger Schotte. Einen weiteren Grund, für England zu stimmen – und dieses Argument zeigt, daß der Bestechungskorb von TITANIC gar nicht so schlecht gewählt war – führt Dempsey später in einem Interview an: »Die Engländer waren immer gut zu uns, zum Beispiel haben sie uns 50 Bälle spendiert.«

** »Wissen Sie, unter den gleichen Voraussetzungen würde ich wieder genauso handeln. Außerdem bin ich über meine Entscheidung immer noch sehr glücklich.« Dempsey in der *Welt* vom 9.6.2005

»große WM-Bestechung« (SAT.1), nicht alle Nachrichtensendungen jedoch bringen genügend Sympathie oder Verstand auf, den Sachverhalt zu begreifen und richtig einzuordnen. Im Gegensatz zu Sepp Blatter* grummelt selbst der »Kaiser« (Hamburg Mannheimer) vor seinem Fernseher herum und hat Schwierigkeiten, alles Gesehene zu verarbeiten.

»TITANIC« in Anführungszeichen, »Bestechung« auch: Wenn TV-Journalisten schreiben...

Anmerkungen

* Beobachtungen legen den Schluß nahe, daß die Redaktion ein gutes Gedächtnis für alte Feinde hat. (Björn Engholm, dem TITANIC das höchste Schmerzensgeld bezahlen mußte, daß einem Politiker in der deutschen Pressegeschichte zugesprochen wurde, Helmut Markwort, dem die Redaktion bei *Focus* als Berufsschüler verkleidet einen Redaktionsbesuch abstattete, und Erik Weihönig, der umstrittene Geschäftsführer des TITANIC-Verlages, können – neben vielen anderen – ein Lied davon singen.) Auch Sepp Blatter bekommt das zu spüren. Als Sonneborn mit Hans Zippert, Mark-Stefan Tietze und Tom Hintner im Sommer 2002 in Zürich eine TITANIC-Sonderausgabe des Schweizer *Magazins* gestaltet, nehmen sie einen großen Blatter-Kopf mit der Schlagzeile »Das gab's noch nie: Blatter nackt!« auf den Titel. Ein Blinker verpricht sogar: »Auf 16 Seiten zum Ausklappen«. Obwohl der Inhalt der Ausgabe alles beleidigt, was Schweizern lieb und teuer ist, und die »Tagesthemen« extra ein Kamerateam an Schweizer Kioske entsenden, bleibt die erwartete Empörung aus. Lediglich der Portier des Tamedia-Verlagshauses bekommt Probleme: 23 Abonnenten kommen sich beschweren, daß in ihrer Ausgabe die 16 Ausklapp-Seiten fehlen.

Dienstag, 11. Juli 2000:
Kaiser, *Bild*-Zeitung, *Kicker*

Die Redaktion der *Bild*-Zeitung hält sich zurück, lediglich in der Leserbriefspalte tobt weiterhin gesunder Volkszorn: *»Zu: WM 2006. Ich möchte Franz Beckenbauer, dem DFB und dem Bewerbungskomitee zu ihrem Erfolg gratulieren und mich für ihre Bemühungen bedanken. Raimund Zierep, Berlin«, »Dem Redakteur Sonneborn der Zeitschrift ›TITANIC‹ ging es bei dieser Aktion doch nur ums Geld. Dieser Deutsche ist ein ›Nestbeschmutzer‹. Kurt Pauli, Kordel/NRW«, »Es ist kaum zu fassen, was die ›TITANIC‹ dem deutschen Sport und vor allem dem großartigen Franz Beckenbauer angetan hat. Manfred Schäfer, Neuhof/Hessen«; »Herr Sonneborn fordert vom DFB einen Präsentkorb für seine ›Bewerbungshilfe‹. Es sollte ein Schuh drin sein, der ihm in den A... tritt!« Harald Vietz, Hamburg*

Die WM im Land! Männer sind begeistert...

Der *Kicker* dagegen tritt selbst nach: *Daß es in Deutschland Satire so schwer hat, liegt vor allem an denen, die vorgeben, Satiriker zu sein. Bei uns ist diese Form der Auseinandersetzung verkommen zum eiskalten Betrug des eigenen Geschäftes wegen. Da wird gelogen, beleidigt, getäuscht – und dann klebt man noch ein Schild drauf »Satire« und amüsiert sich, was man Gutes für die eigene Kasse getan hat. Das jüngste Produkt aus der Frankfurter Fälscher-Werkstatt,*

... Frauen auch!

die sich hochtrabend als »Satire-Magazin« bezeichnet, ist wieder ein schlagender Beweis, wie man unter dem Deckmantel der Pressefreiheit Menschen zum Narren hält. Nicht immer gehen die geistlosen Lügner dabei so plump vor wie im Falle der angeblichen »Bestechungs-Faxe« vor der FIFA-Entscheidung in Zürich letzten Donnerstag. Da waren die Lügner schnell entlarvt. Karl-Heinz Heimann

Freitag, 14. Juli 2000: Frankfurt

Die Anwälte des DFB schlagen ein Treffen vor, um mal über alles zu reden.

Mittwoch, 26. Juli 2000: Stuttgart

TITANIC-Staranwältin Gabi Rittig und Martin Sonneborn fahren nach Stuttgart und treffen im Hotel Marriott mittags auf Dr. Christoph von Hutten, Rechtsanwalt in der Kanzlei Beiten, Burkhardt, Mittl & Wegener (Niederlassungen in Beijing, Berlin, Budapest,

Düsseldorf, Frankfurt a. M., Hanoi, Hong Kong, Leipzig, London, Lyon, Milano, Moscow, München, New York, Nürnberg, Padova, Paris, Potsdam, Prague, Roma, Singapore, St. Gallen, St. Petersburg, Tokyo, Torino, Warsaw, Zürich, Zug).* In der Lounge legitimiert sich Hutten als Vertreter des »Kaisers« (Gebrüder Grimm) und des DFB. Dann bläßt er sich in seinem Zwirn ordentlich auf und beginnt die Verhandlungen recht offensiv mit der Ankündigung, Beckenbauer und der DFB würden Sonneborn und die TITANIC auf Schadensersatz verklagen, sollte bei diesem Termin keine Einigung erzielt werden: Der Schaden für den Weltfußball-Verband sei »gewaltig«! Für einen kurzen Zeitraum steht die Klagesumme von »rund 600 Millionen Mark«** im Raum. Sonneborn, der zwar eine Tasche mit einem laufenden Bandgerät mithat, aber keine Gelder in dieser Größenordnung,*** bestellt erst mal zwei Tassen Tee. Dann wird er von Hutten vor die Wahl gestellt, einen Schriftsatz zu unterzeichnen, in dem er erklären soll, seine folgenschwere Bestechungsaktion

---

Anmerkungen

* Nach Aussage von Redaktionsassistentin Birgit Staniewski sind die Faxe der Kanzlei dennoch nicht ganz so beeindruckend wie wenig später die Seiten aus dem Bundespräsidialamt. Als Johannes Rau sich in einem TITANIC-Editorial beleidigt fühlt, kommt seine Bitte um 5000 Euro Schmerzensgeld mit einem Vorblatt, auf dem allein 49 Anwälte aufgeführt werden. Da TITANIC nur über eine einzige Anwältin verfügt, unterwirft man sich in solchen Fällen zumeist und gern den Vorschlägen der Gegenseite.

** Immerhin eine Summe in der Größenordnung von rund 317 Millionen Euro (geschätzt).

*** Üblicherweise wird die profane Begleichung fälliger Forderungen nach gerichtlichen Auseinandersetzungen vom Verlag übernommen. Juristisch gesehen jedoch ist der Verlag dazu nicht verpflichtet, was Sonneborn bei dieser Verhandlung möglicherweise im Hinterkopf hat.

gegenüber FIFA-Delegierten niemals im Leben zu wiederholen. Obwohl es nicht ganz einfach ist, über dieser hochgradig sinnfreien Forderung ernst zu bleiben, gelingt es Rittig und Sonneborn, ihre Fassung zu wahren – es geht schließlich um viel Geld. Außerdem pflegt man im endgültigen Satiremagazin einen guten Witz eh nicht zweimal zu machen. Außerdem wird sich Deutschland, wie Sonneborn blitzschnell errechnet, vermutlich erst ungefähr im Jahre 2086 wieder um eine Fußball-WM bewerben, und bis dahin ist er selbst längst im verdienten Vorruhestand.

Nachdem ein vorbereitetes Dokument* unterzeichnet ist, spaziert

---

Anmerkungen

* Die Verpflichtungserklärung hat folgenden Wortlaut:

Martin Sonneborn, Chefredakteur des Satiremagazins TITANIC, verpflichtet sich gegenüber dem Deutschen Fußball-Bund e.V. (DFB) sowie denjenigen Organen und Mitarbeitern, die für den DFB anläßlich dessen Bewerbung um die Ausrichtung der Fußball-WM 2006 tätig waren:

- *es künftig bei Meidung einer von DFB festzusetzenden Vertragsstrafe, deren Angemessenheit auf Einwendung von TITANIC GmbH/Herrn Martin Sonneborn vom Landgericht Frankfurt überprüft werden kann, zu unterlassen, anläßlich von Abstimmungen/Wahlen über von der FIFA bzw. der UEFA zu treffenden Entscheidungen zugunsten der Abstimmenden Gegenleistungen/Vergünstigungen für den Fall eines bestimmten Abstimmungsverhaltes anzukündigen, wie geschehen im Fall der Vergabeentscheidung hinsichtlich der Fußball-WM 2006 durch FIFA-Exekutivmitglieder in der Nacht vom 05. auf den 06. Juli 2000 zugeleiteten Faxe,*
- *sein Bedauern über den Vorfall vom 05./06. Juli 2000 und seine Folgen zu erklären sowie,*
- *die Kosten der Einschaltung der Rechtsanwälte BBLP Beiten Burkhardt Mittl & Wegener zu übernehmen.*

Typischer TITANIC-Sommer-Titel

der Freiherr zufrieden fünf Meter weiter, läßt sich in einen Sessel fallen und informiert über sein Mobiltelefon die DFB-Zentrale in Frankfurt. Trotz der nicht eben geringen Entfernung können Rittig und Sonneborn es aus Huttens Handy brüllen hören: Es klingt wie die Stimme des »Wilden Kaisers« *(Alpenjournal)*. Mühsam beherrscht stampft der Anwalt zurück und macht Sonneborn Vorhaltungen: »Natürlich hätten Sie auch noch unterschreiben müssen, daß Sie keinen Einfluß auf UEFA-Delegierte nehmen!!!« Stoisch zeichnet der Chefredakteur auch diese – handschriftlich eingefügte – Zusatzklausel ab, dann verabschiedet man sich höflich und respektlos voneinander. Daß Freiherr von Hutten seinen Kaffee nicht bezahlt, nehmen seine Verhandlungspartner ihm nicht weiter übel. Beim Verlassen des Hotels begleichen sie die Rechnung; sie ist unbedeutend im Vergleich zu den 600 Millionen Mark.

Freitag, 28. Juli 2000:
Deutschland, Österreich, Schweiz, Luxemburg

Die August-Ausgabe des endgültigen Satiremagazins erscheint und verkauft sich recht gut. In der Redaktion erwägt man, ab sofort einfach für jede neue Ausgabe einen weltweiten Presserummel zu entfachen.

Mittwoch, 9. Juni 2004: Frankfurt

Nach der WM-Aktion beim DFB* fragt anläßlich der DFB-Pressekonferenz ein *FAZ*-Reporter Rudi Völler: »Das mit der großen Tafel, die sie enthüllt haben: Finden Sie das eher lustig, daß sich TITANIC

Anmerkungen

* Die *Welt* schreibt am 10.6.2004 über die Aktion vor dem Abflug der Nationalmannschaft zur EM in Portugal:

Zur Aufmunterung der Fußballnationalmannschaft haben Redakteure des Satiremagazins »TITANIC« in Frankfurt ein Mahnmal mit den höchsten Niederlagen der deutschen Kicker aufgestellt. Unter dem Titel »Orte des Schreckens, die wir niemals vergessen dürfen« sind auf der drei Meter hohen Tafel die schmerzlichsten Niederlagen der Nationalmannschaft aufgeführt, vom 0:9 gegen England im Jahre 1909 bis zur 1:5 Schlappe gegen Rumänien in diesem Jahr. Vorausblickend haben die Satiriker auch gleich die Ergebnisse der Vorrunde in Portugal notiert, etwa ein 1:7 gegen die Niederlande. Bei der Enthüllung der schwarzen Blechtafel vor dem Sitz des DFB verlas »TITANIC«-Chefredakteur Martin Sonneborn außerdem eine Liste mit zehn Forderungen. Neben dem Einsatz weiterer jüngerer Spieler verlangte er ein Sprechtraining für Sebastian Schweinsteiger und Lukas Podolski sowie die Änderung von Namen wie »Lahm« oder »Hinkel«. Anläßlich einer Pressekonferenz nach der 30minütigen Aktion kommentierte Teamchef Rudi Völler die Aktion mit den Worten: »Ich wollte mich sowieso noch mal bei denen bedanken, die Jungs haben ja die WM nach Deutschland geholt!«

In der Redaktion wird bis heute behauptet, man habe das beeindruckende, drei Meter hohe Mahnmal aus Blech, an dem die Nationalspieler direkt vorbeifahren mußten, als Denkzettel und Ansporn gesehen; und nicht als demoralisierendes Element, das ein frühes Ausscheiden des deutschen Teams bewirkt. Auch daß Sonneborn kurz vor Beginn des Turniers die Hotelzimmer der gesamten DFB-Equipe telefonisch zum Ende der Vorrunde kündigt, erweist sich als Fehleinschätzung: Ein großer Teil der Verantwortlichen will trotz des blamablen Ausscheidens der Mannschaft noch in Portugal verbleiben.

da jetzt einmischt?« Der Teamchef antwortet: »Gut, nein, ich freue mich da. Weil, ich wollte mich noch mal bedanken, die Jungs von TITANIC haben ja die WM nach Deutschland geholt. Man darf im Leben nicht so verbissen sein, diese Dinge gehören einfach dazu.«*

Mittwoch, 8. Juni 2005 Frankfurt

Auf Einladung der *Welt* schreibt Sonneborn einen Artikel über den Confederations-Cup und erinnert den DFB dabei noch mal an die versprochene Ehrenspielführerschaft.**

Anmerkungen

* Kristin Eilert hat sich mit einer Digitalkamera in die Pressekonferenz eingeschmuggelt und bringt Völlers Worte auf dem schnellsten Weg in die Redaktion. Beim Sichten freuen sich die Redakteure; an einen expliziten Dank von seiten des DFB hatte man nicht mehr geglaubt. Jetzt wähnt man auch die versprochenen Eintrittskarten fürs WM-Finale in greifbarer Nähe. (DFB-Anwalt von Hutten hatte Sonneborn in sarkastischer Art und Weise versprochen, »für diese Leistung« werde er »wohl auch noch Ehrenspielführer der Deutschen Nationalmannschaft«, und »die gesamte Redaktion« bekomme »Freikarten fürs Finale«. Sonneborn nimmt das immer noch sehr ernst.) Zwei Stunden später trifft Sonneborn beim Training der Nationalmannschaft auf Rudi Völler, bedankt sich per Handschlag und überreicht dem sympathischen Hanauer eine Ausgabe des WM-Bestechungs-Heftes.

** Wenn die deutsche Mannschaft nächste Woche zur Eröffnung des Konföderationenpokals aufläuft, wird ein Mann nicht an der Spitze laufen, und das bin ich. Ein bißchen enttäuschend ist das schon, daß der DFB sein Wort nicht hält. (...) Und da wir nicht nachtragend sind, möchte ich heute hier an dieser Stelle einschlagen: Wenn mein Land mich ruft, stehe ich als Ehrenspielführer bereit!

Donnerstag, 18. August 2005 Berlin

In seinem Stamm-Café, im Gasthaus Lentz in Berlin-Charlottenburg, erklärt Sonneborn gegenüber Oliver Lück, Redakteur beim aufstrebenden Fußball-Magazin *Rund*, daß er natürlich weiterhin damit rechne, vom DFB zum Ehrenspielführer ernannt zu werden und sich körperlich fit halte, um gegebenenfalls die Mannschaft beim Einlauf zum Eröffnungsspiel der WM 2006 anzuführen. Die Erklärung gipfelt in einer pathetischen Pose und dem – verhaltenen – Ausruf: »Wenn mein Land mich braucht, wenn der Deutsche Fußball-Bund mich braucht, wenn beide mich rufen – ich stehe bereit!« Anschließend geht Sonneborn nach Hause, setzt sich hin und schreibt das »Protokoll einer erfolgreichen Bestechung«. Als das Manuskript fertig ist, verbleiben auf seinem Stichwortzettel ein paar handschriftliche Notizen, die im Text keinerlei Berücksichtigung gefunden haben. In unkorrigierter Transkription lesen sie sich etwa wie folgt:

– Guter erster Satz, das: »Es ist einer dieser Tage, an denen Sepp Blatter nicht mit offener Hose, roter Nase und einer riesigen Schweizer Fahne vorm Gesicht durch die Gassen der Altstadt tobt.« Oder evtl. anfangen mit: »Über Nacht war es hell geworden draußen...« (Zu viel Chandler gelesen?!!!)

– Auf jeden Fall erwähnen: In Fachkreisen (Sportjournalisten, Autohändler) gilt FIFA-Generalsekretär Zen-Ruffinen als ein sehr guter Gesprächspartner, wenn man sich für Blatters bestechende Umtriebe oder die Verschiffung verschiedener Mercedes-Luxusmodelle nach Afrika interessiert.

– Gibt man bei Google »Feind des Fußballs« ein, werden mittlerweile viel mehr Ergebnisse für »Jose Mourinho« angezeigt als für »Sonneborn«.

Er ist daher der viel größere Feind des Fußballs!!! --- Anekdote, wie Georg Behrend in Kassel die Treppe runterfiel???

– Nicht vergessen! Aufforderung an die Leser: Gefällt Ihnen das Buch? Schreiben Sie doch Ihre Meinung an: DFB, z. Hd. Wolfgang Niersbach, Direktion Kommunikation, Otto-Fleck-Schneise 6, 60528 Frankfurt/Main

– Bei Martina Werner bedanken? Wg. der üblichen Layout-Wundertaten unter extremem Zeitdruck? Ach Quatsch, die kriegt ein großes Bier...

– Schönes Zitat von Klaus Hoeltzenbein in der *SZ*: »Noch heute streiten sich die Gelehrten, wem von den Dreien (Charles Dempsey/ Neuseeland, Martin Sonneborn/Frankfurt, Franz Beckenbauer/ Kitzbühel) der größte Anteil am Zuschlag für die WM 2006 gebührt.«
Süddeutsche Zeitung, 19./20. Mai 2005

Kurzer Einschub:

Liebe Leser,
dies war der unseriöse Teil von »Ich tat es für mein Land«. Bevor wir zum seriösen kommen, möchte ich Sie noch schnell um etwas bitten: Gefällt Ihnen dieses Buch? Oder nicht? Egal! Schreiben Sie bitte auf jeden Fall Ihre Meinung an: DFB, z. Hd. Wolfgang Niersbach, Direktion Kommunikation, Otto-Fleck-Schneise 6, 60528 Frankfurt/Main (Bitte frankieren, falls Briefmarke zur Hand...)

»Sie sind ein ganz großes Schwein, die TITANIC!«

Bild-Leser beschimpfen TITANIC-Redakteure live am Telefon

ANRUFER Sie sind Schweine sind Sie, wissen Sie das auch? Sie sind ein ganz großes Schwein, die TITANIC!

ANRUFER Hallo? Arschlöcher. Ich wollte nur mal sagen, daß ihr Arschlöcher seid. Danke.

ANRUFER Sie sind ein Dreckschwein, Sie Sau, Sie!

ANRUFER Euch Hunden droht der Tod!

ANRUFER Sie werden noch von mir hören! Ende!

ANRUFER So ihr habt da einen Saustall angestellt, mein lieber Freund, du! Eins kann ich euch sagen, ihr könnt in Zukunft euer Käseblatt alleinig lesen! So eine Unverschämtheit, ganz Deutschland freut sich, und da macht ihr so einen Scheiß! Ich würd mich schämen!! Schämen!!! Schämen sollst dich!!!!

ANRUFER Also die von der TITANIC-Redaktion, die gehören alle entlassen! Wegen dem Brief, den sie gegen Beckenbauer geschrieben haben.

TITANIC (*überrascht*) Entlassen? Aber wer soll uns denn entlassen?

ANRUFER (*schreiend*) Die Reporter gehören weg! Weg, weg, weg!

ANRUFERIN Also ihr seid's das, die wo die Bestechungsbrief geschrieben haben?
TITANIC Ja, genau.
ANRUFERIN Aber des is ja a Unverschämtheit, habt's ihr koa Hirn im Kopf?!
TITANIC Doch.
ANRUFERIN Ja, dann kann ich aber das nicht verstehen.
TITANIC (*vorsichtig*) Ja, dann haben Sie vielleicht kein Hir...

ANRUFERIN Des is a ganz a große Schweinerei is des. Weil, so wird Deutschland in Verruf gebracht!

ANRUFERIN Ich wollte nur sagen, ich find das eine Unverschämtheit! Solche hergelaufenen Schmutzfinken müßte man bestrafen!

ANRUFER (*mit grabestiefer Stimme*) Vaterlandsverräter!

ANRUFER Ich möchte Ihnen sagen, daß ich an meinen drei Kiosken ihre Zeitschrift nicht mehr auslegen werde. Sie sollten sich zutiefst schämen...

ANRUFER (*verwirrt*) Ja, grüß Gott, sind Sie da von der Redaktion vom... *Focus*, oder?
TITANIC (*überrascht*) Äh, nein.
ANRUFER Na dann hob i falsch gewählt, Entschuldigung.
TITANIC Nein, von TITANIC sind wir.
ANRUFER Ach so! (*erinnert sich plötzlich*) Ach, von TITANIC! Ah, die hob i ja gmeint!
TITANIC Ja dann sagen Sie das doch!

ANRUFER (*jetzt wütend*) Ja, i sag des ganz offen, also ich find des unerhört so was, i mein, des hat ja mit Satire nix zum tun! Die ganze Bewerbung vom Franz Beckenbauer hätte ja da flöten gehen können.

TITANIC Also ich glaube, daß wir die Bewerbung erst erfolgreich abgeschlossen haben.

ANRUFER Ja, ich glaub, daß Sie's bald vermasselt hätten! Ich mein, Satire, klar, wo's angebracht ist, aber...

TITANIC (*interessiert*) Wo wäre denn Satire angebracht?

ANRUFER (*nachdenklich*) Hm, angebracht, angebracht. Also, wo Sie was machen könnten... Ich mein, bei Politikern, da können Sie ja schärfer ins Zeug gehen.

TITANIC Gut, dann machen wir das beim nächsten Mal bei Politikern.

ANRUFER (*zufrieden*) Ja, gut. Auf Wiederhören.

ANRUFER Also hören Sie mal, was Sie da gemacht haben, da fällt mir Kaiser Wilhelm dazu ein: Vaterlandslose Gesellen!

TITANIC (*sinnlos*) Kaiser Wilhelm hätte auch so gehandelt wie wir.

ANRUFER (*schlingert*) Äh, ja, aber der hats noch gemäßigt ausgedrückt. Das war eine ganz üble Macherei!

TITANIC Haben Sie Kaiser Wilhelm noch persönlich kennengelernt? Kennenlernen dürfen?

ANRUFER (*irritiert*) Kaiser Wilhelm? Nein, nicht! Ich bin ’29 geboren.

TITANIC Au, knapp verpaßt, da war der ja schon im Exil damals.

ANRUFER (*wichtig*) Da war der schon in Holland. (*irrend*) Bismarck war der Kanzler, da hat Kaiser Wilhelm das Wort geprägt: Vaterlandslose Gesellen.

TITANIC (*verständnislos*) Und wir sind wie Kaiser Wilhelm? Oder wie?

ANRUFER Ja, äh, Sie sind die vaterlandslosen Gesellen!

TITANIC Die Kaiser Wilhelm meinte?

ANRUFER Also die TITANIC kann er noch nicht gemeint haben, weil die damals noch nicht existierte. Nur sinngemäß!

TITANIC Gut, ihr Anruf wird gezählt, vielen Dank.

ANRUFER Äh, ja, wiederhören.

ANRUFERIN (*mit überschnappender Stimme*) Ich hab da was gelesen, von Bestechungsbriefen, und was der Herr Sonnenborn da macht, das ist der größte Mist, den’s gibt! Wiederhörn!

ANRUFER (*aufgebracht*) Ihr seid der letzte Dreck. Dreck seid ihr, mehr nicht! So was müßte man aus der… äh: wegziehen! Mein Gott nee, schämt ihr euch überhaupt nicht? Ihr Scheißer?

ANRUFER (*ruhig*) Alle hinter Gitter! Meine Meinung.

ANRUFER (*höflich*) Hallo? Ich wollte Ihnen mal folgendes sagen, hier ist der Herr Gürsche aus Chemnitz. Es ist schlimm, was Sie hier veranstaltet haben.
TITANIC (*kaut*) Es ist schlimm, was Sie 40 Jahre veranstaltet haben da drüben!
ANRUFER (*erschrocken*) Ich? Waaas?! Was sagen Sie?
TITANIC (*aggressiv*) Es ist schlimm, was Sie 40 Jahre veranstaltet haben da drüben!
ANRUFER (*holt tief Luft*) Das ist jetzt hier egal, was Sie mir erzählen, das können Sie gar nicht beurteilen, weil Sie viel zu weit weg sind da drüben! Aber wie Sie unser Land verunglimpfen...
TITANIC (*unterbricht*) Das haben Sie doch 40 Jahre lang viel mehr gemacht! Sie sollten sich was schämen, uns im Westen Ratschläge erteilen zu wollen!
ANRUFER (*laut*) Genau richtig! Wir sind bessere Deutsche als Sie, das soch ich Ihnen! Wir würden unser Land nie so verunglimpft haben, auch unser neues deutsches Vaterland niemals! Das ist ne Schweinerei! Daß Sie sowas überhaupt dürfen! Das müßte verboten werden, Sie müßten bestraft werden!
TITANIC Sie mit Ihrer Stasi!

ANRUFER (*ablenkend*) Unser deutsches Vaterland in aller Welt lächerlich gemacht!

TITANIC (*verstockt*) Aus dem Osten lassen wir uns gar nichts sagen!

ANRUFER (*empört*) Das hat mit dem Osten gornischt zu tun!! Wir sind Deutsche seit zehn Johrn! Wir sind schon seit hundert (*verbessert sich*) seit tausend Jahren Deutsche! Aber Sie sind wahrscheinlich immer noch e Wessi, e arroganter Wessi, mehr kann ich zu Ihnen nicht sogn!

ANRUFERIN (*angewidert*) Widerlich und ekelhaft, was Sie da gemacht haben. Das ist ja gaaaanz, gaaaaanz widerlich!

ANRUFER Alle hinter Gitter, meine Meinung!

ANRUFER Sie sind doch alle krank im Kopf!
TITANIC Sind Sie Arzt?

ANRUFER Ihr Schweine! Morgen geht eine Bombe hoch!

ANRUFERIN Hallo, ich wollte nur sagen,
die Grenze der Satire ist weit überschritten!
TITANIC Von der *Bild*-Zeitung?
ANRUFERIN Ja, genau, von der *Bild*-Zeitung.
TITANIC (*begeistert*) Ja, vielen Dank!

ANRUFER (*mit dünner Stimme*) Guten Tach!
Mein Name tut nichts zur Sache, ich habe da etwas gelesen...
TITANIC (*mitfühlend*) Komischer Name: Tutnichtszursache?
Oder wie ist ihr Name?
ANRUFER Ja, das interessiert nich! Wissen Sie was? Sie sind ein ganz großer Nestbeschmutzer! Sie können bloß froh sein, daß ich weiter weg wohne, sonst könnten Sie was erleben! So was da reinschreiben! Wie können Sie so was machen? So was gegen den Franz Beckenbauer! So diffa... diffamarieren! Das gibs doch gar nich! Was bilden Sie sich eigentlich ein, wer Sie sind?

TITANIC (*abwehrend*) Wir diffamarieren, wen wir wollen!
ANRUFER Ja, das glaube ich auch! Wissen Sie was? Sie gehören gar nich hier nach Deutschland, Sie sollte man auswandern!
TITANIC (*grammatikalisch überrascht*) Wohin?
ANRUFER Ja, wohin, das möchte ich Ihnen lieber nich sagen! Das ist eine bodenlose Frechheit, wie Sie sich benehmen! Sie beschmutzen das, das Nest, auf Wiedersehen!

ANRUFER Mayer Franz! Ich rufe an wegen Ihrer Satire, zwecks WM-Bewerbung! Das ist eine bodenlose Frechheit! Für diese Frechheit gehört Ihnen die Lizenz entzogen! Weil das artet schon in Verleumdung aus, und hat gar nichts mehr mit irgendwas zu tun.

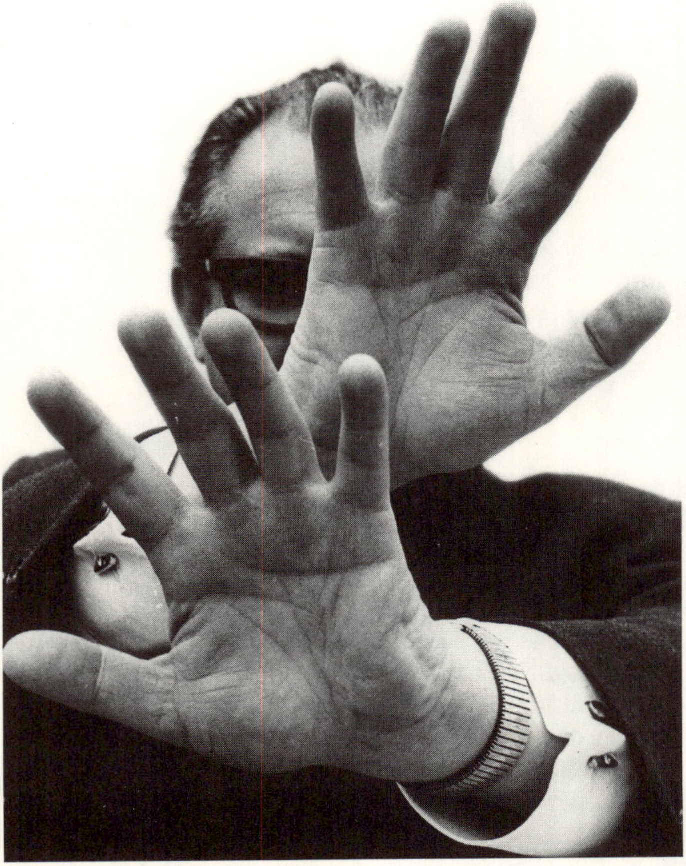

TITANIC (*verwirrt*)Welche Lizenz? Die äh, Satire-Lizenz?
ANRUFER Jo, genauso isses! Das is eine bodenlose Frechheit, was Sie sich da geleistet haben! Sowas gehört bestraft! Ich hoffe, daß der DFB durchkommt mit seiner Klage und Ihnen so 'ne Geldstrafe angedroht wird, daß Ihnen Hören und Sehen vergeht! Wiederhörn.

ANRUFER Ihr Lumpen!!!

ANRUFER (*mit sehr dünnem Stimmchen*) Hallo! Sie können Ihrem Chefredakteur oder dem verfluchten Nestbeschmutzer sagen, wenn ich die Drecksau auf der Straße treffe, dann landet er im Krankenhaus, dieser Hundesohn!
TITANIC Das bin ich doch selbst!
ANRUFER (*ereifert sich*) Sie sind das selbst, Sie verfluchter Hurensohn! (*mit sich überschlagendem dünnen Stimmchen*) Also, wenn ich Sie auf der Straße sehe, dann spucke ich Sie an, Sie Drecksau!

ANRUFER Es ist ein Akt von Dummheit, so etwas zu tun. Das hat nichts mit Satire zu tun, das ist so ein typischer Akt deutscher Dummheit.

ANRUFERIN (*beiläufig*) Grüß Gott! Ich wollte bloß bei Ihnen anrufen und wollte bloß sagen, was für ein Trottel des bei Ihnen is, der so was in Um... in Um... in Um... äh: Umlauf bringt, diese Briefe da. Steht heute in der *Bild*-Zeitung, man soll einmal bei Ihnen anrufen, ich hab noch nirgends angerufen, bei niemand noch, aber da hab ich gsacht, da muß ich anrufen, weil mich das geärgert hat. Das wars, danke.

ANRUFER Ja? Hier soll ich mal anrufen. Das war kein schöner Zug!

TITANIC (*erstaunt*) Wie, Sie sollen hier anrufen?

ANRUFER Na gut, hier heißt es doch, in der *Bild*...

TITANIC (*schulmeisterlich*) Na wie heißt es denn da in der *Bild*?

ANRUFER Schicken Sie ein Fax oder rufen Sie an und sagen Sie Ihre Meinung.

TITANIC (*sehr erstaunt*) Und das machen Sie dann sofort?

ANRUFER (*im Brustton der Überzeugung*) Na, selbstverständlich!

ANRUFER (*in deutlichem Ruhrpott-Dialekt*) Hörnsema, was haben Sie denn da mit ihrem Bestechungsbrief gemacht? Dat is ja grausam! Da is ja, wat der Kohl gemacht hat, ne Lachnummer dagegen! Eine große Sauerei, was ihr da gemacht habt! Ihr habt ja die ganze Bundesrepublik, ganz Deutschland habt ihr ja veräppelt hier! Wie könnt ihr sowas machen! Ihr müßt bestraft werden wie ein Bandit!

TITANIC (*kooperativ*) An was denken Sie?

ANRUFER Ihr müßt bestraft werden wie ein Verbrecher! Wie ein Mörder!

TITANIC (*beeindruckt*) Also mit Zuchthaus?

ANRUFER Ach, noch viel schlimmer!

TITANIC (*konstruktiv*) Arm ab?!

ANRUFER Noch viel, viel schlimmer is dat!

TITANIC (*bereitwillig*) Arm und Bein ab?
ANRUFER (*erregt*) Bein ab? Aufn Stuhl gehört ihr!
TITANIC (*überrascht*) Auf den elektrischen Stuhl?
ANRUFER Ja sicher!
TITANIC Den gibts ja hier gar nicht!
ANRUFER (*aufgebracht*) Eine Schande is dat! Dat is ja dat eben! Wenn ihr in Amerika wärt, dann wärt ihr direkt am Stuhl!

ANRUFER Ihr Blatt nehm ich nur noch für zum Arsch abputzen!

ANRUFER (*ruhig, aber vollkommen wahnsinnig*) Ich bin kein Sportler, und ich wollte mal wissen wegen der WM: Sind wir dran schuld, haben wir betrogen oder was ist da?
TITANIC Nein, wir haben versucht zu betrügen, aber...
ANRUFER Tatsächlich! Denn wissen Sie, ich habe manchmal Angst, daß das Ausland uns mit den Palästinensern verwechselt. Wir sind Deutsche! Und so schlecht, wie wir gemacht werden, sind wir nicht!
TITANIC Ja, aber wir tragen ja keine Kopftücher zum Beispiel.
ANRUFER Nein, ich weiß, was Sie meinen. Ich wollte das auch nur mal wissen, wissen Sie, die ganze Hetzerei wird ja jeden Tag verrückter.
TITANIC Ja, aber, tut mir leid, in diesem Falle ist es gerechtfertigt, wir haben ja versucht zu bestechen.
ANRUFER Tatsächlich?! Aye, aye, Sir! Naja...

ANRUFERIN (*unsicher*) Hallo?
TITANIC Hallo?

ANRUFERIN (*verwirrt*) Hallo?
TITANIC Hallo!
ANRUFERIN Ja?
TITANIC (*faßt sich ein Herz*) Wir wollten Sie mal anrufen, wegen dieser Sachen in der *Bild*-Zeitung.
ANRUFERIN Ah ja, natürlisch! Ja ich finde das sehr hundegemein.

Ich bin schon älter, aber eines kann ich Ihnen sagen:
Der Tschornalismus is auch nicht mehr das, was er mal war.
Es gibt so viele Probleme auf der Welt, die man aufgreifen könnte

und die vielleicht auch den Menschen bewegt! Aber so was, ich weiß es nicht. Das ist nicht richtig.

TITANIC Aber Fußball bewegt die Menschen doch auch.

ANRUFERIN (*zaghaft*) Ja, aber das war ein ganz grober Spaß. Aber sicher, das war ein sehr grober Spaß...

ANRUFER Erbärmliches Dreckspack!

ANRUFER Mein Name ist Stecher, und ich wollte Ihnen sagen, daß ihre Reporter Schmierfinken sind und ihre Satirezeitung eine Schande für Deutschland. Nehmen Sie das zur Kenntnis!

TITANIC Betrachten Sie es als zur Kenntnis genommen.

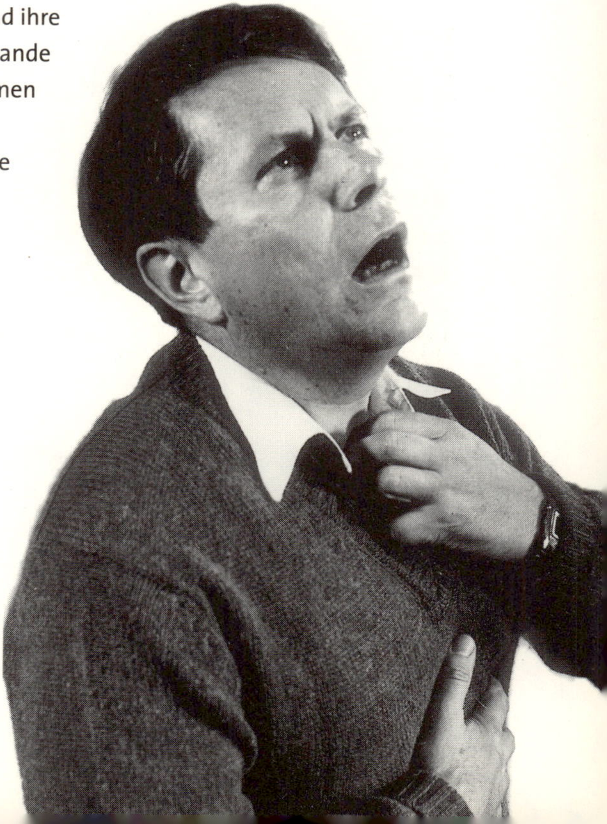

ANRUFER Jaja, ich wollte Ihnen nur sagen: Eine große Sauerei und man sollte ihren Kopf kleiner machen und ihre gesamte Zeitschrift sollte man schnellstens in die Pleite führen. Das ist doch eine Ungehörigkeit, wie die jungen Leute, die sich einbilden, daß wir endlich mal etwas schönes in Deutschland haben, alles häßlich, negativ und schlecht sehen.
Sie sind ein ganz großes Dreckschwein! Wiedersehen!

ANRUFER Was Sie gemacht haben, das ist beschämend und dreckig! Sie haben die ganze Nation zunichte gemacht. Ihr Bastarde!

ANRUFER Euch sollte man das Blatt zumachen! Das ist eine Schweinerei, wenn man so mit der Ehre von Leuten umgeht! Da bin ich ganz dagegen!
TITANIC (*mitfühlend*) Kaufen Sie doch alle TITANICs vom Kiosk weg, die können Sie ja dann zumachen.
ANRUFER (*wütend*) Das mache ich nicht! Die werde ich verbrennen!

ANRUFER (*brüllend*) Ihrem Reporter, machen Sie bitte ein glühendes Eisen und brennen Sie ihm das Kainsmal auf die Stirn!
TITANIC Was für ein Mal?
ANRUFER (*giftig*) Ein Kainsmal! Daß jeder ihn erkennt als Lügner und großen Schwindler, und daß so was überhaupt nicht als Reporter zugelassen

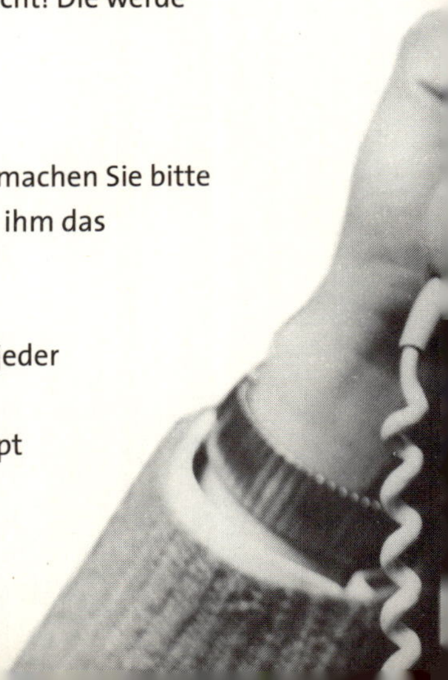

werden darf! Die gehören totgeschlagen! Das größte Mordinstrument, das es in Deutschland gibt, das ist die deutsche Presse! Auf Wiederhören!

ANRUFERIN (*erleichtert*) Satire, das versteht doch nicht jeder, ich hab das gelest, da haben Sie also nur Spaß gemacht? Aha, na dann ist das also Blödsinn, dann ist es doch gut.

ANRUFER Also das geht ja auf keine Kuhhaut, so was. Daß so was nicht straffällig ist in Deutschland hier, das ist für mich unerklärlich. Sie hätten doch dem Land einen Schaden zufügen können, was mit Milliarden gar nicht zu beziffern ist!

ANRUFER Ich wollte nur einen Kommentar abgeben zu dem, was da in der *Bild* steht: Solche Journalisten sollte man aus dem Verkehr ziehen!

TITANIC (*hoffnungsvoll*) Solche *Bild*-Zeitungs-Journalisten?

ANRUFER (*empört*) Nicht die *Bild*-Zeitung, die Journalisten von Ihrem Journal!

ANRUFER Ihr Schweinebacken, was habt ihr denn mit unserer WM-Bewerbung gemacht, hä?

TITANIC Ja, wer seid ihr denn?

ANRUFER Der heilige Geist!

TITANIC (*skeptisch*) Und ihr habt 'ne WM-Bewerbung laufen?!

ANRUFER Was denn sonst, hä? Unter aller Kanone ist das, was da ablief! Niveaulos, letzten Endes, nä, Miesepeter!

ANRUFER Ich hoffe, ihr bekommt den größten Ärger, den es überhaupt gibt. Also, was ihr euch da geleistet habt, das geht unter keine Kuhhaut, wirklich nicht.

ANRUFER Kunzel hier! Wenn es nicht verboten wäre, würde ich jetzt sagen, man muß die Redakteure erschießen, die das gemacht haben.

ANRUFER Ihr gehört auf den Mond geschossen, ihr Scheißkerle!

ANRUFER (*sehr alt, ostpreussischer Dialekt*) Was sind das für Rrrrredakteurrre bei Ihnen? Sind das Deutsche oder sind das große Arschlöcher? Ich tippe auf Nummrrrro zwei!

ANRUFER Ich finde es nicht schlimm, das ist doch Satire, so was muß drin sein. Wir sind doch nicht mehr das Dritte Reich, wo es keine Beleidigung gegen den Führer geben darf. Das ist eine Mediensatire, und *Bild* ist selbst ein Medium und hat das mit hochgepuscht. Mir ist es egal, ob TITANIC dadurch eine höhere Auflage bekommt. Ich bin *Bild*-Leser und habe vorher schon alle möglichen anderen Zeitungen durchprobiert, aber Bild hat in Deutschland die besten Kulturseiten. Das Problem ist, daß es in Deutschland keine Intelligenzija gibt, vergleichbar wie in den USA, wo es genügend Selbstreinigungskräfte gibt.

ANRUFER Euch Schweinen gehört die Bude unterm Arsch angezündet!

ANRUFER Sie gehören eingesperrt! Wegen Urkundenfälschung und Deutschland-in-den-Schmutz-ziehen! Wer sich da noch hinter pseudojuristischen Dingen verschanzt, der sollte Prügelstrafe erhalten. Im Rechtsstaat gehören Leute wie Sie ins KZ!

ANRUFER Euch sollte man aufhängen am höchsten Ast, den es in Deutschland gibt, ihr Dreckschweine! Nestbeschmutzer!

ANRUFER Ich habe fünf Kioske in Heidelberg, da wird ihr Heft ab sofort nicht mehr verkauft!

ANRUFER Neitzel aus Altripp! Das sollte euch 50 Millionen kosten! Wie Hunde sollte bestraft werden, wer so Schande über das eigene Land bringt!

ANRUFER Das ist eine Schande für ganz Deutschland, euern Laden sollte man in die Luft sprengen!

ANRUFERIN Der auf dem Bild, das sieht man doch, das ist der Enkel von Hitler!

ANRUFER Der Sonneborn, der ist doch schwul? Und der Gärtner ist auch schwul! Sie sind alle schwul, das höre ich doch an der Stimme! Verbrecher jedenfalls und Vollidioten!

ANRUFER Eich ghert a Handgranatn in die Redaktion neigschmisse, daß 'r allesamt in d' Luft fliegt!

ANRUFERIN (*freundlich*) Ja, Grüß Gott! Ich bin 77 Jahre, ihr Gag war sehr gut! Wissen Sie, warum das Golfspielen jetzt so beliebt ist unter Bankern und Finanzbeamten?

TITANIC (*interessiert*) Nein, wieso?

ANRUFERIN (*lachend*) Weil man das auch mit Handschellen spielen kann...

TITANIC (*lachend*) Hahaha! Ich bin 35 Jahre alt, und das finde ich auch lustig!

»...von Haus aus krank!«

Bild-Leser beschimpfen TITANIC-Redakteure live per Fax

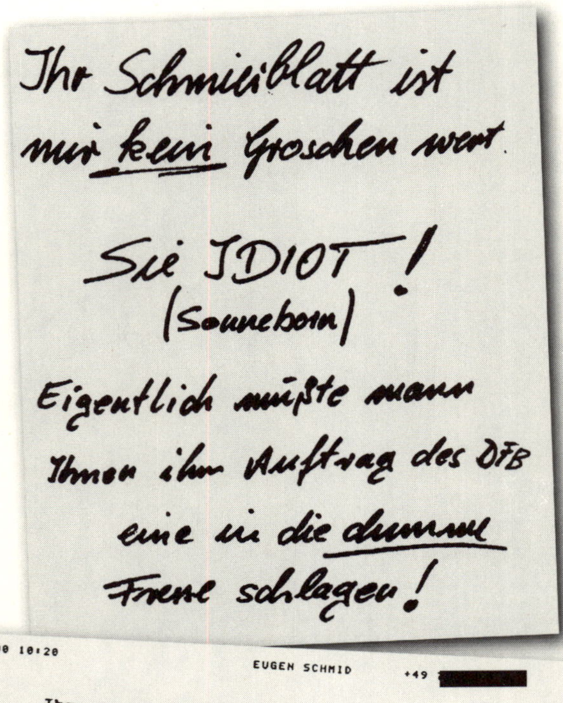
Ihr Schmierblatt ist
mir kein Groschen wert.

Sie IDIOT!
(Sonneborn)

Eigentlich müßte mann
Ihnen ihm Auftrag des DFB
eine in die dumme
Fresse schlagen!

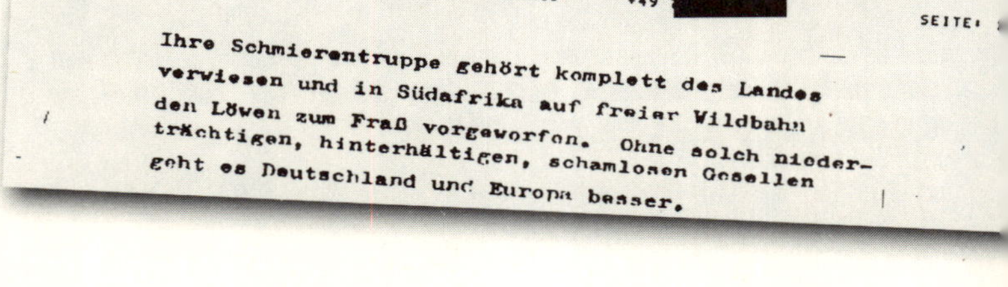
09-JUL-00 10:20 EUGEN SCHMID +49 [redacted] SEITE:

Ihre Schmierentruppe gehört komplett des Landes verwiesen und in Südafrika auf freier Wildbahn den Löwen zum Fraß vorgeworfen. Ohne solch niederträchtigen, hinterhältigen, schamlosen Gesellen geht es Deutschland und Europa besser.

Hans [redacted]
Haslachweg 3
[redacted]

9. 7. 2000

Meine Meinung zu den Bestechungsbriefen.
Ich habe nichts gegen Satire, aber mit dieser aktion haben [redacted] Martin Sonneborn u. Stefan Gärtner den Deutschen, die Steuern zahlen, den Deutschen die in Sportvereinen Beiträge zahlen, Sie haben [redacted] an Deutschland einen Schaden angerichtet der ungeheuerlich u. nicht mehr gut zumachen ist. Desshalb verlange ich schickt diese zwei Herren nach Russland aber bis in den Ural hinein.
Wann sie wieder zurück dürfen möchte Ich bestimmen!
Gute Reise

Gruß Hans Zimf

[redacted] 08 07 00 09:21 NR01

ALBERT MUELLER

ALBERT MÜLLER

37639 BEVERN
[redacted]

Abs: Albert Müller, [redacted]

Betr: Titanic

Für solche Schmierfinken sollten wir
die Prügelstrafe (öffentlich) wieder einführen!

08 Jul 00 16:36 [redacted] [redacted] S.1

PETER SCHNEIDER

[redacted], 8. Juli 2000

Sehr geehrte Damen und Herren,

der Redaktion "Titanic".

Wieviele ehemalige NVA, Vopos, Stasis oder Stasispitzel gehören der "Titanic Redaktion" an?

Denn nur solche Leute kommen und kamen meiner Meinung nach auf solch einer Idee.

Den Fußball in Deutschland und die WM-Vergabe in der ganzen Welt zu schädigen !

Denn bei diesen Gruppierungen war bekanntlich Kuroption , Bestechung und Übervorteilung
"Gang und Gebe" !
Basiert Ihre Redaktion im Ganzen auf solchen Machenschaften ? Finden Sie auf normalem
Wege kein Gehör oder Anerkennung ? Traurig , traurig !
Ich würde vorschlagen , versuchen Sie es doch einmal mit geschulten und ausgebildeten
Redakteuren oder Journalisten !

Mit Gruß und Verachtung

U. + G. KLINGSPOR

94124 Büchlberg , 08.07.00
Tannenweg 9
Telefon [redacted]

" Titanic"-Redaktion

Per FAX an 069-97050497
=======================

" Titanic "

Riesige Freude über Zuschlag WM 2006

Danach tiefe Wut

Typisch scheiß Deutsche

Chefredakteur, Martin Sonneborn, für ein Jahr angekettet auf eine Galere.

Mit freundlichem Gruß

Udo Klingspor

SEITE: 1

Bestech ngsbriefe

Sonneborn, haben sie Dir
ins Gehirn geschissen?
Oder bist du von Haus aus [illegible]?!

Von F

FAXMITTEILUNG

Absender: hans g[redacted]

Anschrift: karcherstr.28
[redacted]

E-Mail: [redacted]

Fax-Nr.: 0180 5[redacted]

Datum: 08.07.00 19:49

Empfänger:

Fax Nr.: [redacted]

Betreff:

Sehr geehrte Damen und Herren der Titanic Redaktion,

Ich möchte ihnen nur sagen das Ihre Bestechungsaktion WM 2006 die Größte Scheiße war die jemals von der deutschen Presse abgelassen wurde. Außerdem werde ich ihr bis dato ganz gutes Blatt nie nie nie wieder in die Finger nehmen. Was ich eigentlich immer gerne tat.

Wer dem deutschen Volk so eine Scheiße unter die Schuhe schieben will sollte eigentlich xx xxx Xxxx xxxxxxxx xxxxxx. Leider kann ich ihnen nicht schreiben was ich meine (Rechtliche Schritte u.s.w.) aber wenn Sie ihre Intelligenz, die ja vorhanden scheint sollten Sie wissen was ich meine.
Sie sollten mal sich um andere Sachen kümmern (Politik Wirtschaft u.s.w.) als 3 Gerantionen von Menschen ihren Traum von einer WM in ihrem geliebten Deutschland, nur für ein bisschen Werbung, zu nehmen.

Solche Leute wie Sie braucht kein Schwein.

Ich hoffe das ihr Mistblatt an dieser Sache zu Grunde geht.
Gute Journalisten und Mitarbeiter finden immer einen Job so das die eigentlich Schuldigen ihre Strafe bekommen.

In allertiefster Verachtung

Ein bis jetzt treuer Leser

Von Freemailfax 6 Sun Jul 9 11:10:44 2000 Seite 1 von 1

FAXMITTEILUNG

Absender: **Horst Horn**

Anschrift: Alte Eppelheimer Str. 25
[redacted]

E-Mail: h[redacted]

Fax-Nr.: [redacted]

Datum: 09.07.00 11:10

Empfänger: **Chefredakteur "Titanic"**

Fax Nr.: 06997050497

Betreff: Ihre ach so 'lustige Satire' in Verbindung mit der WM-2006

Hallo Herr Sonneborn
Bis gestern wusste ich noch nicht einmal von der Existenz Ihres Blattes. Nun habe ich mich schlau gemacht und muss erkennen: Den Purlitzer-Preis werden Sie bestimmt nicht bekommen. In Ihrer Bestechungsaktion im Zusammenhang mit der WM-2006 in Deutschland haben Sie lediglich eine Menge 'Porzellan' zerschlagen. Die Auswirkungen können Sie sebst noch gar nicht absehen. Stellen Sie sich aber einmal vor, ein paar Fussballfans der harten Art würden Ihr Redaktionsbüro in Trümmer legen und dann zum Schluss sagen(Kaffewerbungsslogan): "Wir machen doch nur Spass !"
Satire kann nur gut sein in Paarung mit Intelligenz. Hier kann aber bei dieser Aktion davon nicht die Rede sein. Es war erbärmlich, prinmitiv und dumm. Ich werde Ihr 'Presseerzeugnis' bestimmt nicht lesen oder weiter empfehlen

mit freundlichen Grüßen
horst [redacted]
E-Mail: horst[redacted]
[redacted]@onlinehome.de

Homepage: http://www.wahnsinn.online.de

1.000.000 DM gewinnen - kostenlos tippen - http://millionenklick.web.de
IhrName@web.de, 8MB Speicher, Verschluesselung - http://freemail.web.de

Dieses Fax wurde mit dem Fax-Gateway von FreeMail (http://freemail.web.de), dem kostenlosen und sicheren E-Mail-Dienst von WEB.DE versendet.

WEB.DE

08-JUL-00 12:59 EUGEN SCHMID +[redacted]

Eugen Schmid

[redacted]
Telefon u. Fax 0[redacted]

8.Juli 2000

Betrifft Ihre anonymen Briefe im Hotel Dolder in Zürich.

Unglaublich was da abgelaufen ist. Hat mit Satire nichts mehr zu tun und ist durch nichts zu entschuldigen.
Zunächst in U-Haft und dann des Landes verwiesen. Natürlich der Chef und alle Redakteure. Zuvor aber persönlich verprügelt bis zur Krankenhaus-Reife und zu höchsten Geldstrafen verdonnert. Wenn der Presserat diesem Schmierblatt samt seinen Redakteuren nicht die Lizenz entzieht, sollte mich dies wundern.
Daßß Ihre Bude in Frankfurt bis jetzt noch nicht (13.oo Uhr) in die Luft geflogen ist wundert mich auch. Eine Schande für Deutschland und ganz Europa. Hausfriedenbruch in einem Hotel in Zürich u.vieles mehr. Delikte genug um Euch liederlichem sogenannten Pressegesellen aus dem Land zu jagen.

+49 6[redacted]5 08-07-00 11:53

R[redacted]

08.07.2000

Stefan R[redacted]
[redacted]straße 1
[redacted]

Redaktion
T i t a n i c

<u>Bestechungsbriefe zur Fußballweltmeisterschaft 2006</u>

Nur in Deutschland können alle hirnlosen Schreiberlinge unbestraft ihren Unfug veröffentlichen. Hoffentlich wird dies diesmal anders.

Stefan [redacted]

RVS-FAX ID.6 08.07.00 14.40.26 P.1

FAXNACHRICHT

Gesendet: Samstag, 8. Juli 2000 14:40:07

Von: Adolf
6

An: **Titanic**
069/97050497

Betreff: **Sauerrei**

Diese Mitteilung hat 1 Seite(n) (inclusive dieser).

Wie wir aus Zeitungsberichten erfahren haben, hat sich Ihr Chefredakteur M. Sonneborn einen üblen Scherz erlaubt. Gegenüber ihrem Schweine Satire Magazin Titanic, ziehen wir vor Kaiser Franz den Hut. Wir hoffen das die Klage die der DFB gegen sie einleiten will Erfolg hat und sie zu eine sehr schönen Strafe bekommen. So ein Magazin wie ihres müßte verboten werden, mit solchen Äußerungen hört jeder Spaß auf. Anscheinend ist Ihr beklopter Chefredakteur kein Deutscher sonst würde er nicht solchen Scheiss machen. Ich hoffe Sie werden mit meherer Schreiben überflutet. Wir sind stolz Deutsche zu sein und sagen Ihnen jedem das seine und wir hoffen sie bekommen die gerechte Strafe.

Pit Bull Germany

DIPL.-ING. FRITZ FR[redacted]

[redacted]en
D[redacted]E
Telefon[redacted]
Fax.[redacted]

9.7.2000

„Titanic" – Redaktion
Fax 069/97050497

Fußball – WM – Bewerbung 2006

Gar nicht geehrter Herr Sonneborn,
Helden oder Schweine, das ist hier die Frage! Mir jedenfalls sind dreckige Wildschweine noch tausendmal lieber als eine saudumme, charakterlose, unverschämte, noch dazu dummdreiste Fälscher-Redaktion, die sogar noch die schwindlerische Ex-Redaktion des SZ-Magazins übertrifft. Sie sind reif für das Guiness-Buch der Rekorde!

Keines Grußes wert.

MARTIN WILHELM , 6[redacted]EL [redacted] P:01

TITANIC – Redaktion

Herrn Sonneborn
Herrn Gärtner

Per Fax: 069 – 97050497

<u>Ihre Aktion: WM 2006</u>

Sehr geehrter Herr Sonneborn,
Sehr geehrter Herr Gärtner,

nur ein Land wie Deutschland mit einem Lebensstandard unter den Top 3% der Weltbevölkerung kann sich den (überflüssigen) Luxus der Satire leisten. Daher sollten sie sich glücklich schätzen, in diesem Land leben zu dürfen und Geld verdienen zu können.

Sie nehmen sich das Recht, über andere zu urteilen und darüber Satiren zu schreiben, weil Sie meinen, dass Sie intellektuell ein wenig weiterentwickelt sind. Diese Aktion zeigt, dass Sie sehr weit davon entfernt sind, da Sie anscheinend über ein Weltbild verfügen, das sicherlich nicht der Realität entspricht.

Wir Deutschen kämpfen seit Jahrzehnten um unser Ansehen in der Welt und schreiten in ganz kleinen Minischritten voran........und Sie versuchen dies auf eine dämliche Weise zu zerstören.
Wie müssen Sie es finanziell und aus Gründen der Publicity nötig haben dies zu unternehmen. Schämen Sie sich!

Durch Ihre Faxe haben Sie ganz Europa und dem Fussball einen großen Schaden zugefügt; ganz zu Schweigen von unserem "Aushängeschild" Franz Beckenbauer.

Ich hoffe Sie werden dafür von Gerichtswegen entsprechend hoch bestraft. Mit Sicherheit gehört jegliche Unterstützung meinerseits dem DFB sowie Herrn Beckenbauer.

Sie haben mit Ihrer Aktion der gesamten Bevölkerung der Bundesrepublik geschadet. Ich hoffe, daß Sie und Ihrem Unternehmen ähnlicher Schaden entsteht.

Für Sie und Ihrer Redaktion wünsche ich........
und dafür werde ich sorgen und kämpfen!

Mit freundlichen Grüßen

An: BILD-Zeitung Von: Albert Pau[redacted] 08.07.00 15:41:38 Seite 1 von

Tele-Fax

Absender: Albert P[redacted]
Hildb[redacted] Berlin
[redacted]
Email: [redacted]

Seiten: 1 *Datum: 08.07.00*

An BILD
Fax: 06997050497

Betr.: Bestechungsbriefe

Sehr geehrte Damen und Herren der Redaktion,
ich bin so empört und zornig, dass mir die Worte fehlen! Was sich diese Zeitschrift da geleistet hat ist unterstes primitives geistiges Niveau und an Widerwärtigkeit nicht mehr zu übertreffen! Der Gipfel der Infamität ist, dass sich die Redakteure noch als Helden bezeichnen! Ich hoffe, dass der DFB mit aller Härte gegen diese Bande vorgeht und auch von unserer Regierung Massnahmen getroffen werden bis hin zum Verbot dieser Zeitung, deren Macher das Ansehen der Bundesrepublik Deutschland so geschädigt haben, dass wieder mal die ganze Welt höhnisch mit dem Finger auf uns zeigt!
Mit freundlichen Grüssen
Albert Paul Fricke.

08-JUL-00 10:24 Horst Pachl 06221000759 SEITE: 1

Horst [redacted]
Wellenweg 5
[redacted]

Tel: [redacted]
Fax: [redacted]
Handy: [redacted]

Haut dem

Chaoten-Blatt – Titanic

ein paar vor den Sack

Horst [redacted]

Claus Va[redacted] (60)
Flünn[redacted]
[redacted] Tel: [redacted]

An die
BILD Redaktion Fax 069 97050[redacted]

8. 07. 2000

Betr : Bestechungsbriefe TITANIC

Sehr geehrte Damen und Herren ,

TITANIK - Chefredakteur Martin Sonneborn :
Hier schreiben die blauäugigen Enkel des NAZI-Deutschlands.
Diese Praktiken der Diffamierung Andersdenkender waren im Hitler-Deutschland und danach in der Deutschen Demokratischen Republik an der Tagesordnung. Der DFB sollte mit seinen DM-Millionen zur Tat schreiten, um diesen lachenden Schmieren-Satirikern der Titanic-Redaktion das Handwerk zu legen.
Gefälschte Bestechungsbriefe zum Zwecke der Satire ? Antwort : Gewissenlos, Menschenverachtend, Sittenwidrig - und Anstandslos.
Uns Deutschen vergeht dabei das Lachen !

freundl. Grüsse

Claus Va[redacted]

Kurzer Propaganda-Exkurs:
Die PARTEI

»Es kann links und rechts von der PARTEI nichts geben; es darf links und rechts von der PARTEI nichts geben; und es wird links und rechts von der PARTEI nichts geben!«
Tom Hintner, Generalsekretär der PARTEI, August 2004

»Wir sind eine PARTEI, weil wir eine PARTEI sein wollen!«
Oliver Maria Schmitt, Ehrenvorsitzender der PARTEI, Oktober 2005

Daß in Deutschland heute ein paar dahergelaufene Spaßvögel an der Macht sind, ist für mich immer noch ein wenig überraschend. Schließlich hatte man das alles nicht ahnen können, als wir, die Redakteure des endgültigen Satiremagazins TITANIC, am 2. August 2004 unter größerem Medieninteresse beim Bundeswahlleiter in Wiesbaden aufliefen und juristisch korrekt die Partei gründeten. Genauer gesagt Die PARTEI. Die PARTEI, die sich sofort großspurig den Sturz des Schröder-Regimes auf die Fahnen schrieb, die sich vollmundig anschickte, »sämtliche anderen Parteien überflüssig zu machen«, die von Anfang an »einen schmierigen und populistischen Wahlkampf auf unterstem Niveau« proklamierte.

Um keinen Zweifel aufkommen zu lassen, daß wir auch und gerade die niedersten Instinkte bedienen würden, hatten wir unserem PARTEI-Programm einen Punkt angefügt, die bauliche Abtrennung der fünf neuen Bundesländer betreffend. Das war nicht ganz unberechtigt, denn immerhin galt uns der »Beitritt« der DDR ohne Volksabstimmung als verfassungsrechtlich bedenklich; und außerdem gab es nach Jahrzehnten der Trennung strikte kulturelle Unterschiede zwischen Ost und West, die offiziell nicht thematisiert wurden. Grund genug für unsere Forderung, die Mauer wieder aufzubauen: »Niemand hat die Absicht, eine Mauer zu bauen. Außer uns: Die PARTEI« stand auf unserem ersten Plakat. Zufällig war das auch offizielle TITANIC-Linie: »Die endgültige Teilung Deutschlands – das ist unser Auftrag!« heißt es im Impressum, und in ungezählten Aktionen gegen die Zone hatten wir seit 1989 am Tabu gekratzt, das die fortbestehende

Mit Unterstützer-Listen zum Kaffee beim Bundeswahlleiter in Wiesbaden. Die Kisten sind leer, sehen aber voll gut aus.

deutsche Zweiheit umgab. Schon wenige Wochen nach dem Besuch in Wiesbaden bestätigte uns eine FORSA-Umfrage: 25 Prozent der Deutschen wünschten sich die Mauer zurück. Wenn die uns alle wählen, freuten wir uns, ist Die PARTEI drittstärkste Kraft im Lande...

Zugegeben, der Name der PARTEI war klug gewählt. Weil wir nicht über ausreichende Mittel verfügten, von heute auf morgen eine neue Marke am Markt zu etablieren, griffen wir einfach auf eine bereits vorhandene zurück, die gerade nicht gebraucht wurde: Die »Partei« war sowohl im Osten als auch im Westen ein eingeführter Begriff, der uns rasch Zulauf brachte. Nach wenigen Monaten hatten wir rund 4000 Mitglieder; bei C&A wurden langsam die 49-Euro-Vollnylon-Anzüge knapp, die wir uniform trugen, und immer wieder riefen Leute an, die sagten: »Schon mein Großvater war in der Partei, ich möchte auch zu euch!« Bei TITANIC-Lesungen stellte ich als Bundesvorsitzender die Bewegung vor und wies die Besucher darauf hin, daß bei uns noch niedrige Mitgliedsnummern zu haben seien. Damit könne man, so versprach ich ihnen, Vorteile im Beruf erzielen und Frauen beeindrucken. Zwölf Jahre später – da war ich ganz offen – könne das Ganze erfahrungsgemäß auch nach hinten losgehen, sie müßten schon selbst wissen, auf welches Pferd sie setzen...

Das würde auch Oscar Lafontaine wissen, dachte ich mir, als ich in Interviews immer häufiger gefragt wurde, ob wir den Saarländer aufnehmen würden. »Natürlich,« pflegte ich zu entgegnen, »wir nehmen jeden Schwachkopf, warum nicht Lafontaine? Wir sind

Sind eine PARTEI, weil sie eine PARTEI sein wollen: Oliver Nagel, Stephan Rürup, Stefan Gärtner, Tom Hintner (Hintner-Jugend), Martina Werner, Mark-Stefan Tietze, Martin Sonneborn, Anna Glockenhell, Birgit Staniewski

eine kleine Partei, und bei uns kann er sich schnell nach oben dienen!« Den politikverdrossenen Wählern gefiel das, ein Bauunternehmer aus Bremen schrieb uns per Fax: »Ich habe gerade im Deutschlandfunk Ihren Chefredakteur sagen hören ›Wir nehmen jeden Schwachkopf‹. Endlich eine Partei, in der ich mich

Besser als in der DDR: Abstimmungen mit bis zu 103 Prozent!

repräsentiert fühle, ich trete ein!« Überhaupt gab es viele Bürger, denen das unseriöse Politspektakel der etablierten Parteien so zuwider war, daß sie anriefen und vermeldeten, nach Jahren endlich wieder eine Partei gefunden zu haben, die sie auch wählen mochten.

Während Boulevard-Magazine sich eher für unsere plakativen Forderungen interessierten (»Wiederaufbau der Mauer! Wer sind die Irren, die uns so verhöhnen?« *Berliner Kurier*; »Irre TITANIC-PARTEI fordert: Abriß der Frauenkirche!« *Dresdner Morgenpost*), erklärten wir gegenüber den seriöseren Medien offen, daß wir lediglich eine populistische, demokratische Klientelpolitik nach dem Vorbild der etablierten Parteien verfolgten, die sich an den Wünschen der größtmöglichen Wählermasse orientieren sollte. Ob Mauer oder Mark – wenn der Wähler sie wiederhaben will und uns damit demokratische Mehrheiten verschafft, bitte, uns sollte es recht sein! Im Unterschied zu den übrigen Parteien aber, gab ich zu bedenken, waren wir ohne traditionelle, ideologische, emotionale oder lobbyistisch-korrupte Verpflichtungen und standen offen zu unserem billigen demokratischen Populismus.

Ingesamt waren die Medien begeistert. Kein Wunder, in politisch tristen Zeiten lieferten wir ihnen Bilder, von denen sie sonst nur träumen konnten: Bilder vom ersten Landesparteitag in Nordrhein-Westfalen, bei dem 250 PARTEI-Freunde in einem herrlichen alten Jagdzimmer von unserem Saalschutz, der Turbo-Jugend Münster, kaum im Zaum gehalten werden konnten, weil ich vor Beginn der Veranstaltung um »fanatisches und frenetisches Gejubel und Gehabe vor den Kameras« gebeten hatte, »wir brauchen Bilder, die um die Welt gehen!«; Bilder vom Gesicht des fassungslosen Leipziger Oberbürgermeisters Wolfgang Tiefensee, dem die SPD-Kinnlade heruntersackte, als ich ihm in einer Talkshow aus meinem Billigpolyester heraus »mein Ehrenwort, ich wiederhole: mein Ehrenwort« gab, »daß mit uns an der neuen Mauer kein Schießbefehl zu machen sein wird«; Bilder von aufgebrachten Sachsen, als wir in der Dresdner Innenstadt an einem Wahlkampfstand der PARTEI den »Wiederabriß der

Frauenkirche« forderten – folgerichtig begründet mit dem Argument, man brauche schließlich Material für den Mauerbau.

»Wiederabriß« der Frauenkirche: Wahlkampf in Dresden

Und natürlich Bilder vom Mauerbau selbst, denn am 9. November 2004 – der Rest Deutschlands bejubelte zeitgleich besinnungslos den 15. Jahrestag des Mauerfalls – mauerten wir an der Grenze zwischen Hessen und Thüringen vor ungezählten Kamerateams schon mal auf fünf Metern los; bzw. ließen losmauern, denn die IG Bauen/Agrar/Umwelt führte für uns die Kelle, während wir uns darauf beschränkten, mit albernen Bauhelmen auf dem Kopf Interviews zu geben. Die bärtigen

9. November 2004: PARTEI und Gewerkschaften beim historischen Handschlag an der (neuen) Mauer

alten IG-Zauseln wollten auch mal in die Medien, und genau dort fanden sie sich dann auch wieder...

Eine weitere Freude war für viele Journalisten das Verprechen, mit dem ich jedes Interview beendete: »Die PARTEI wird niemanden vergessen, der ihr den Weg an die Macht geebnet hat!« Eine Sat.1-Reporterin allerdings, die vom Münsteraner Parteitag berichtete, muß das als Drohung fehlinterpretiert haben. Beim Verlassen des Jagdzimmers hörte man sie aufgeregt in ihr Handy flüstern: »Die nehmen das ernst! Die sind gefährlich! Ich habe das Material! Ich komme jetzt in die Redaktion!«

Anfangs dürfte Gerhard Schröder noch gelächelt haben, als seine Pressereferenten ihm Bericht erstatteten. Sein seniler Verkehrsminister Stolpe jedenfalls ließ sich noch im November 2004 im Politikteil der *Frankfurter Allgemeinen Sonntagszeitung* auf

»Marsch wider das Brandenburger Tor« – Am 16. April 2005 nimmt die PARTEI Berlin

TEI
nwald
RTEI
WIDER

die Frage nach den Mauer-Plänen der PARTEI mit den Worten zitieren: »Das wird gottlob nicht für den Einzug in den Bundestag reichen!« Wann der Umschwung einsetzte, kann ich nicht mehr genau sagen. Aber ich erinnere mich noch gut an den Moment, in dem ich zum ersten Mal ahnte, daß alles ganz anders kommen könnte in diesem Land. Es war am Abend der Landtagswahl in Nordrhein-Westfalen. Wir hatten in den Hochburgen der PARTEI, in den vier Wahlkreisen also, in denen

»Vorsitzender Martin Sonneborn lieferte am Freitag den galantesten Auftritt der Parteienvertreter im Bundestag. Gefragt, ob die Kandidatur ernstgemeint sei, sagte Sonneborn, dies sei ›rundweg mit einem Ja zu beantworten‹. Anschließend wurde die ›Partei‹ zur Bundestagswahl zugelassen.« (Die Welt, *13.8.2005)*

unsere vier Direktkandidaten angetreten waren, bis zu 0,8 Prozent der Stimmen geholt; unser bestes Ergebnis seit Kriegsende. Gerade hatte ich meine Unterschrift unter ein Schreiben gesetzt, um die Wahl vor dem Verfassungsgerichtshof anzufechten, weil das Einstimmenwahlrecht in NRW kleine schmierige Parteien wie uns benachteiligt und juristisch umstritten ist, als Schröder seinen letzten Coup landete: die Ankündigung der Vertrauensfrage.

Eine verantwortungsscheue, populistische Entscheidung, die vom CDU-Triumph ablenken sollte und seiner, Schröders, Unlust Rechnung trug, unter erschwerten Bedingungen das zu tun, für das er sich hatte wählen lassen. Die rapide Entwicklung in der deutschen Politik – der nachhaltige Verlust von Ehrlichkeit und Scham und Verantwortung, der Hang, Politik ausschließlich in bezug auf ihre mediale Darstellbarkeit zu beurteilen – hatte uns ein-, nein: überholt. Die Wirklichkeit war der Satire um Längen voraus.

Na und? Uns doch egal! Auch wenn der Sturz des Schröder-Regimes so gut wie abgeschlossen war, wir hatten Spaß gefunden an der Politik: Muß eben ein Richtungsschwenk her, wir sind ja nicht blöd! Ab sofort – so verkündeten wir – führen wir einen personalisierten Wahlkampf gegen das Merkel! Merkel muß wieder weggeschlossen werden, wir erinnern an die glücklichsten Jahre Deutschlands, in denen das Merkel hinter einer Mauer weggeschlossen war!

Aber selbst unsere extrem niveauarmen Plakate »Frau? Ja, aber schöner!« (mit einer schönen PARTEI-Freundin), »Wieder da: Die PARTEI!« und »Darf das Kanzler werden?« (mit dem Gesicht Angela Merkels) markierten nicht, wie erwartet, den Tiefstpunkt der politischen Auseinandersetzung in Deutschland – wieder schlugen uns die etablierten Parteien haushoch, was Inhaltlosigkeit, unhaltbare Wahlversprechen und Sinnfreiheit anging. Am schlimmsten wurde es vier Wochen vor der Bundestagswahl,

»The aim is to finance a campaign of posters that show Mrs. Merkel without makeup. ›We want people's hearts to go out to us when we put up this picture‹ said Mr. Sonneborn, who is equally opposed to what he calls the ›Schroeder regime‹.« Washington Times, *27.8.2005*

als der Versager Stoiber sich rückhaltlos zu unseren Ideen bekannte, um im Wählerpotential der PARTEI zu fischen. Dabei waren Zonenverachtung, Merkel-Demontage und Mauerpläne originäre PARTEI-Positionen und dürfen nicht von jedem Dahergelaufenen mißbraucht werden. Schlußendlich mußte ich mich über *Spiegel online* sogar öffentlich von Edmund Stoiber distanzieren: »Der Kollege Stoiber ist nicht Mitglied von Die PARTEI!«

Ein halbes Jahr nach dem Wahlsieg der Union war Die PARTEI die seriöseste Partei im Lande. Als wir kurz vor dem WM-Triumph darauf hinwiesen, daß es die TITANIC-Redaktion war, die im Juli 2000 das Fußball-Turnier nach Deutschland geholt hat (daß das über Bestechungs-Faxe an FIFA-Delegierte geschah, vergaßen wir zu erwähnen), stiegen unsere Sympathiewerte weiter. Als wir die Wiedereinführung der D-Mark versprachen, die Errichtung einer Mauer gegen Frankreich (»Westwall«) und – ach, was soll's! – weitere Mauern überall im Lande (zwischen Baden und Württemberg; an der bayerischen Grenze; den Kölnern versprachen wir eine Mauer um Düsseldorf, den Düsseldorfern eine um Köln herum etc etc...), durchbrachen wir in Umfragen die 50 Prozent-Marke. Als Frau Merkel nach ihrem dritten öffentlichen Nervenzusammenbruch die Vertrauensfrage stellte, war der Wahlsieg der PARTEI nur noch Formsache. Jetzt sind wir an der Macht. Schlechter für Deutschland ist das – glaube ich – nicht.

Martin Sonneborn
Chefredakteur TITANIC
Bundesvorsitzender Die PARTEI

Anhang 1

(Wertvoller) Fehldruck des Schweizer Magazins*:*
In dieser Ausgabe fehlen die 16 Seiten!

Anhang 2

Regierung
der Bundesrepublik Deutschland
Government
of the Federal Republic of Germany

Der Bundeskanzler

An die
Regierung von Jugoslawien
über schwedische Botschaft, Bonn

Bonn, den 8. April 1999

FAX 0228 - 223837

Bitte weiterleiten an:
Slobodan Milosevic, Diktator
Belgrad, Jugoslawien

Betr.: Kriegserklärung

Die Regierung der Bundesrepublik Deutschland erklärt Ihnen hiermit rückwirkend ab dem 24.3.99 den Krieg. Im Zusammenhang damit kann es bei Ihnen zu nächtlichen Ruhestörungen, Flächenbombardements und anderen Kampfhandlungen kommen, die wir uns noch genauer überlegen müssen. Bitte tragen Sie im eigenen Interesse dafür Sorge, daß teure Gebäude, zerbrechliche kulturhistorische Werte und seltene Zootiere rechtzeitig aus dem Weg geräumt werden. Andernfalls können wir für auftretende Beschädigungen keinerlei Haftung übernehmen.

Mit freundlichen Grüßen

i.A. Regierung der Bundesrepublik Deutschland

PS: Bitte haben Sie Verständnis dafür, daß Ihnen eine ordnungsgemäße Kriegserklärung erst heute zugeht. Durch einen Krankheitsfall im Sekretariat hat sich über die Osterfeiertage doch eine ganze Menge Post bei uns angestaut. Wir bedauern dies zutiefst und bitten Sie aufrichtig um Entschuldigung.

PPS: Eine identische Ausfertigung dieses Schriftstücks ist als Abwurfeinschreiben auf dem Luftweg zu Ihnen unterwegs.

Adresse:	Telefon:	Telefax:	Telex:	Telegramm:
Bundeskanzleramt Adenauerallee 141 53113 Bonn Germany	(0049) 228 56 0	(0049) 228 56 2357		

Falls Sie Ihrem Nachbarn mal den Krieg erklären wollen – jetzt wissen Sie, wie's geht!

Anhang 3

Zum Ausklang: Wahllos abgebildete TITANIC-Titel der vergangenen Jahre

Anhang 4

Raum für Notizen: